KB048598

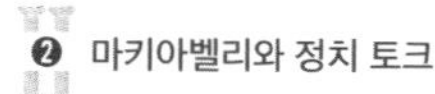

자유를 맛본 자들의 국가

완전 파멸시키거나 더불어 살거나

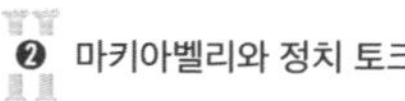

자유를 맛본 자들의 국가

완전 파멸시키거나 더불어 살거나

펴낸날 | 2019년 8월 15일

지은이 | 이남석

편집 | 김지환
표지 일러스트 | 이진우

펴낸곳 | 도서출판 평사리 Common Life Books
출판신고 | 제313-2004-172 (2004년 7월 1일)
주 소 | 고양시 덕양구 중앙로558번길 16-16 능곡종합프라자 710호
전 화 | 02-706-1970 팩 스 | 02-706-1971
전자우편 | commonlifebooks@gmail.com

ISBN 979-11-6023-250-9 (03340)
ISBN 979-11-6023-248-6 (세트)

2 마키아벨리와 정치 토크

자유를 맛본 자들의 국가

완전 파멸시키거나 더불어 살거나

이남석 지음

평사리
Common Life Books

일러두기 __ 이 책에서 마키아벨리가 지은 『군주론』의 구절을 인용할 경우, 저자가 번역하고 주해한 『군주론: 시민을 위한 정치를 말하다』(평사리, 2017)에서 뽑았고, '(『군주론』, 00쪽)' 꼴로 줄여서 표기했다.

이 글은 마키아벨리가 이야기하는 자유와 자유인을 다룹니다. 자유와 자유인이 무엇인지 논의하기는 쉽지 않습니다. 어떤 정치사상가도 명쾌하게 설명하지 못했습니다. 마키아벨리 역시 자유와 자유인을 직접 다루지 않습니다.

마키아벨리는 때로는 은밀하게 자유와 자유인이 얼마나 소중한지를 다룹니다. 자유를 누리던 자유인은 절대 자유를 망각하지 않는다고 그는 강조합니다. 마키아벨리는 때로는 아무런 감정도 섞지 않은 채 자유를 누렸던 국가가 얼마나 강력한 힘을 지녔는지 역설합니다. 자유를 누리던 국가의 시민들은 국가가 망하면, 언제든지 목숨을 걸고 되찾으려고 싸운다고 그는 냉정하게 말합니다.

마키아벨리는 그 자유를 누가 누려야 하는지를 다루지 않습니다. 이 부분은 시대를 살아가는 사람들이 채워야 합니다. 여성, 노인, 소년, 수많은 차이 집단들은 자유를 누려야 합니다. 한 국가의 구성원으로서 자유는 성인 남성, 배운 남성, 재산을 소유한 남성의 전유물이어서는 안 됩니다. 자유의 확장은 우리의 몫입니다.

이 글은 『군주론: 시민을 위한 정치를 말하다』와 2017년 여름 책읽는사회만들기운동본부에서 행한 강의를 토대로 집필되었습니다. 저서는 마키아벨리의 이론을 다룬 반면, 강연은 다양한 사례와 비유를 들며 설득에 집중하였습니다. 양자의 화학적 결합의 산물인 이 글은 마키아벨리 이론의 대중적 소개라는 성격을 지닙니다.

마지막으로 이 글은 스마트폰 시대의 글쓰기와 읽기를 어떻게 할 것인가라는 고민의 산물입니다. 유튜브, 틱톡, 인스타그램 등 정보 전달의 영상매체로의 급격한 이동은 어떻게 쓰고 읽어야 할 것인가라는 질문을 던지고 있습니다. 이 글은 그 고민의 결과입니다. 영상정보 시대에 맞는 다양한 글쓰기와 읽기가 나오면 좋겠습니다.

2019년 8월

이남석

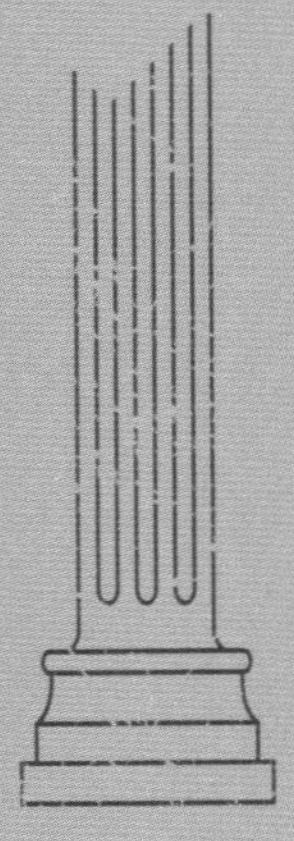

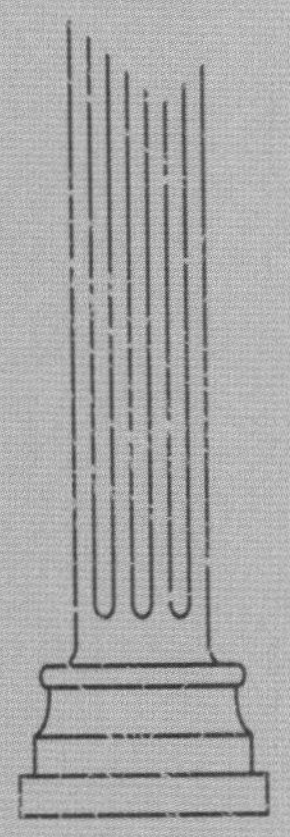

우리에게

자유는

있는가?

강의를 시작하겠습니다.

자유와 자유의지, 자유인과 자유국가란 무엇인가? 이 질문은 시민이란 누구인지를 묻는 것과 같습니다.

마키아벨리는 자유와 자유인, 자유의지, 자유국가 또는 시민국가에 대해 별로 말하지 않았습니다. 이 문제를 논의하려면, 상당한 정도의 추론을 바탕으로 진행되어야 합니다.

추론의 핵심은 근거입니다.

근거 없는 추론은 억측입니다. 지나친 억측은 논자의 강변일 뿐입니다. 논자가 근거 없는 억측을 몰아붙이면, 독자는 이내 떨어져 나갑니다.

근거를 바탕으로 한 추론이라도 상상력이 없으면, 그 추론은 재미없습니다. 인문학적, 사회과학적 상상력이 없는 추론은 논리와 논거만 남고 감동을 주지 못합니다. 독자를 설득하지 못합니다. 가장 효과적인 추론은 근거를 바탕으로 상상력을 펼쳐야 합니다.

마키아벨리와 자유를 논의하는 것은
근거와 상상력을 바탕으로 진행되어야 합니다.

인간에게 자유가 얼마나 중요한가? 자유로운 국가에서 사는 것이 얼마나 소중한가? 나에게 자유는 얼마나 소중한가? 이 강의를 통해 한 번쯤 자유가 얼마나 소중한지 고민했으면 좋겠습니다.

자유의지는 자기가 원하는 대로 하는 것입니다.

길이 두 개 있습니다. 왼쪽으로 가고 싶으면 왼쪽으로 가고, 오른쪽으로 가고 싶으면 오른쪽으로 갈 수 있습니다. 그것도 싫으면 그냥 샛길로 갈 수 있습니다. 자유의지는 스스로 결정하고 행동하는 힘을 말합니다. 또한 자유의지는 그 행동에 대한 책임을 포함합니다.

자유의지를 갖춘 인간에게는 신도, 자연의 거대한 힘도 개입하지 못합니다. 다만 인간은 스스로 선택하고 행동하고 책임지면 됩니다. 설령 금지된 것이라 해도 갈 수 있는 것이 자유의지입니다. 자신이 스스로 책임지는 것이 중요합니다.

산에 오르다 보면 위험해서 출입을 금지한 구역이 있습니다. 자연보호가 아니라 위험 때문에 금지되었다는 사실이 중요합니다. 그곳에 가면, 하나같이 '아!' 하는 감탄사가 나옵니다. 매우 아름답기 때문입니다.

금지된 등산로는 아름다운 곳이 많습니다.

금지된 등산로를 다니면 너무 위험합니다. 자칫하면 사고로 죽을 수도 있습니다. 자기에게 자유가

68혁명의 구호인 '금지를 금지하라(Il est interdit d'interdire !)'

부여되었다면, 자유의지로 결정할 수 있다면 그곳에 들어가도 됩니다. 단 그 행동에는 책임이 따른다는 점을 염두에 두셔야 합니다.

'금지하는 것을 금지하라!'

아무리 위험한 등산로도 충분한 훈련과 지식을 갖추고, 장비를 갖추고, 안전 산행을 하면 문제가 되지 않습니다. 금지(禁止)보다는 '금지를 금지'하는 것이 좋습니다. '금지를 금지하라'는 68혁명의 구호 중 하나입니다. 금지를 많이 설정하는 것보다 스스로 선택하고 행동하고 책임지는 것이 더 좋습니다. 시민은 어린이가 아니라 말 그대로 자유와 자유의지를 갖춘 시민이기 때문입니다

자유주의 이전의 시대에는
신이 모든 걸 결정했습니다.

신의 의지라고 해도 좋고, 혈통이라고 해도 좋

습니다. 인간이 자기 마음대로 할 수 있는 것은 거의 없었습니다. 만사가 다 신의 뜻으로 이루어졌습니다. 귀족의 집안에 태어나면 무척 행운을 누립니다. 농노나 노비로 태어나면, 특별한 일이 없는 한 자기 뜻대로 살 수 없었습니다. 사회의 상류층과 하류층은 이미 혈통에 따라 결정됩니다. 이런 사회에 대해 더 설명하지 않겠습니다.

자본주의 사회나 자유주의 사회가 그나마 좋은 점이 있다면, 자기 의지나 노력으로 신분 상승이 가능하다는 점입니다. 이것 역시 더 설명 드리지 않겠습니다.

신분 상승이 막히면
자유로운 국가가 아닐 수 있습니다.

자유주의 시대, 자유 국가에 사는 우리는 과연 자유로운가요?

독일의 철학자 하버마스는 『공론장의 구조변동』이라는 책을 썼습니다. 이 책에는 하버마스의 초기 사상만이 아니라, 완숙기 사상의 맹아를 담아냅니다.

독일에서는 박사 학위를 받고, 박사 후 논문을 씁니다. 박사후 논문을 통과해야 대학 교수가 됩니다. 이런 방식으로 교수 자격을 부여하는 제도를 하빌리타치온(Habilitation)이라고 합니다. 하버마스는 『공론장의 구조변동』이란 책으로 교수가 되고 싶었지만, 그만 떨어지고 맙니다. 이 책에서 하버마스는 매우 유명한 테제를 이야기합니다.

현대사회는 재봉건화(re-feudalization)되어 있습니다.

하버마스는 이 책에서 재봉건화 테제를 밝힙니다. '재(再)'는 '다시'라는 뜻입니다. '봉건화(封建化)'는 중세사회를 지칭합니다. 봉건사회는 신분이 고착된 사회를 말합니다. 내 의지와 무관하게 부모의 신분이 나에게 그대로 전해진다는 뜻입니다. '재봉건화'는 우리가 사는 현대의 자유로운 사회가 과거의 봉건제 사회로 회귀했다는 뜻입니다.

현대사회는 자유주의 사회로 상당한 자유를 누리는 것처럼 보입니다. 하버마스는 이 점을 파고 들어갑니다. 그는 사회 구석구석을 파헤치면서, 현대사회가 과거 신분제 사회로 회귀했음을 지적합니다.

요즘 우리 사회도
재봉건화로 표현하면 적절합니다.

그렇습니다. 신분 상승의 사다리가 사라지고, 신분이 고착화되면, 자유라는 말을 붙이기 어렵습니다. 신분이 공고화되면, 신분제 사회가 됩니다.

부모가 대학 교수면, 자식도 교수가 되기 쉽습니다.
부모가 법조인이면, 자식도 법조인이 되기 쉽습니다.
부모가 의사이면, 자식도 의사가 되기 쉽습니다.
부모가 정치인이면, 자식도 정치인이 되기 쉽습니다.

부모가 부자면, 자식도 부자입니다

자식이 부모의 직업을 따라가기 쉬운 사회는 자유로운 사회가 아닙니다.

부모 직업이 자식 직업으로 고착화하는 현상은 신분제 사회로 퇴행일 뿐입니다. 청소부의 자식이 노력해서 의사가 되고, 법조인이 될 수 있는 사회가 자유사회입니다. 축구를 잘하면 국가대표도, 세계적인 축구선수가 될 수 있는 것이 자유사회입니다. 부자라 할지라도 스스로 돈을 벌 줄도 관리할 줄도 모르면, 가난해지는 것이 자유주의 국가입니다. 유명한 정치인의 자식이라 할지라도, 능력이 부족하면 정치인이 될 수 없는 국가가 자유주의 국가입니다.

자유로운 사회의 핵심은 내 자신의 노력과 능력으로 신분 상승을 할 수 있다는 점입니다.

우리 사회와 국가를 돌아보십시오.

'흙수저'와 '금수저'는 재봉건화된 우리 사회의

상징적 표현입니다. '헬조선'은 대한민국이 재봉건화되어 과거로 퇴행하는 상징적 상황입니다. N포 세대는 재봉건화된 청년의 삶을 상징합니다. 달관 세대는 재봉건화된 청년 정신의 노비화된 정신의 표현입니다.

재봉건화된 사회와 국가는
건강한 국가와 사회가 아닙니다.

신자유주의 이후로 재봉건화 경향이 훨씬 더 강해졌습니다. 신의 의지와 운명의 여신에 지배받는 사회와 국가는 건강하지 못합니다. 자기 자신의 자유의지가 충만하고, 자유의지로 개척해가는 청년이 많을수록, 그 사회와 국가가 건강합니다.

분명한 것은 어떤 정치체제나 사회든 인간의 자유와 자유의지를 제한하거나 억압하면 안 됩니다.

우리에게 자유가 있는지, 자유의지대로 사는지

질문을 던져야 하는 시점입니다. 시민은 자유의지 대로 사는 자를 뜻합니다.

self와 serf의 차이

'self'와 'serf'는 'l'과 'r'만 다를 뿐
나머지는 같습니다.

말장난입니다. 허리가 꼿꼿이 서 있으면, 다시 말하면 허리가 엘(l)이면 self입니다. 허리를 수그리면, 다시 말해 허리가 알(r)이면 serf라는 생각이 듭니다. 그 상대가 누구이든 허리를 꼿꼿이 펴고 악수를 나누면, 바로 자신을 죽이지 않은 것입니다. 반대로 약간만 지위가 높아도 허리를 굽혀 인사하면 자신을 죽이는 것입니다.

회장님, 사장님, 부장님 앞에서 허리를 굽히는 사람, 교수님 앞에서 허리를 굽히는 사람, 국회의원, 시의원, 구의원 앞에서 허리를 굽히는 사람은 노예와 같은 사람입니다. 허리를 굽히는 것은 복종의 의미입니다. 어느 누구 앞에서 허리를 펴고 인사하고 웃음을 나누는 사람은 바로 자유 시민인 사람입니다. 허리를 펴는 것은 자신의 삶을 살아가는 사람입니다.

'l'과 'r'의 차이는 별것 아닌 것 같지만,

self와 serf는 차이가 무척 큽니다.

허리를 꼿꼿이 세울 수 있으면, 자유의지를 갖고 주체적으로 사는 것과 같습니다. 스스로 구부리든지 타의에 의해서 구부린다면, 미안하지만 노예 같은 삶이라고 이야기하고 싶습니다.

예의를 지키는 것과 허리를 억지로 구부리는 것은 전혀 다른 문제입니다. 대통령 앞에서든, 재벌 앞에서든, 내 앞에 서 있는 자가 누구이든 간에 자유의지를 갖춘 시민은 권력, 돈, 명예 앞에 허리를 굽혀서는 안 됩니다.

마스터가 시민입니다.

자유의지를 갖고 스스로 결정하는 자가 바로 시민입니다. 근대 이후 자유의지를 갖고 사는 시민의 전형은 로빈슨 크루소입니다. 로빈슨 크루소가 원주민에게 처음 가르쳐준 말은 마스터입니다. 로빈슨 크루소는 섬에서 혼자 살다가 원주민 한 명을 붙잡습니다. 로빈슨 크루소는 "금요일에 잡았으니까, 프라이데이야"라고 원주민에게 이름을 붙여줍니다. 지금 생각해보면 이름 짓는 방식이 대단히 폭력적입니다.

> 로빈슨 크루소는 이름을 지어주고 난 후
> 가르쳐준 첫 단어가 '마스터(master)'입니다.

영어 'master'는 mast+er입니다. 'mast'는 '돛대'입니다. 마스터는 돛대에 서 있는 사람입니다. 마스터는 풍랑이 치는 곳에서 스스로 바람을 이기며 앞으로 나아가는 자입니다.

로빈슨 크루소의 생활을 살펴보시기 바랍니다. 그는 막막한 무인도에서 혼자 생각하고 판단하고 결정하고 모든 것을 자기 스스로 할 수밖에 없습니다. 그는 거대한 바다 한가운데 무인도에서 혼자

로빈슨 크루소와 프라이데이(알렉산더 프란시스 리던의 삽화, 『로빈슨 크루소』, 1865)

모든 걸 책임지는 자입니다.

내가 로빈슨 크루소입니다.

나를 생각해보시기 바랍니다. 청년이든 결혼했든 어느 순간 우리는 로빈슨 크루소가 됩니다. 부모님도 조언하고, 다른 사람도 조언합니다. 이 조언을 받아들이든 않든 간에 나는 어떤 결정적 순간이 되면, 스스로 생각하고 판단해서 결정할 수밖에 없습니다. 그에 따른 책임도 져야 합니다.

그림에서 보는 것처럼 로빈슨 크루소는 서 있고, 프라이데이는 무릎을 구부리고, 허리를 조아리며 앉아 있습니다. 스스로 두 발로 서 있는 사람은 마스터, 곧 주인이자 시민입니다. 반대로 허리를 구부린 사람은 시민이 아니라 노예근성으로 사는 사람입니다.

마스터가 잘못하면 집안이 망하기도 합니다.

마스터가 특히 투자 같은 것을 잘못하거나, 사기를 당하면 집안이 폭망하기도 합니다. 투자 실패와 사기는 욕심에서 비롯합니다. 욕심이 합리적이고 적당하면 투자 실패로 망할 일이 없습니다.

욕심이 크면 사기꾼의 먹이가 됩니다.
사기는 사기당할 만한 사람이 당합니다.

그는 욕심이 많기 때문에 사기를 당합니다. 사기꾼이 사기를 치려고 대상을 선정할 때, 욕심이 많은 사람을 찍습니다. 요즘 기준으로 1억을 투자했는데, 원금을 보존해주면서 월 150만원씩 이자로 준다고 해보십시오. 연 이율이 18퍼센트입니다. 은행 이자가 2퍼센트라고 가정해봅시다. 그 좋은 걸 자기가 하지 왜 남한테 주겠습니까? 사기꾼이 사기꾼이라 불리는 이유는 사기에 능하기 때문입니다. 사기당하는 자의 욕심과 사기꾼의 직업적 능력이 합쳐지면, 사기는 100퍼센트 성공으로 귀결합니다.

들판에서 짐을 나르는 노예는 야후다. 야후는 우리들 인간을 가리킨다. 옆에서 지키는 휴이넘, 이상적인 인간을 가르킨다.(루이스 르헤드, 19세기 후반~20세기초, 메트로폴리탄 박물관 소장)

마스터는 스스로 판단하고 스스로 결정하고 스스로 책임지는 자입니다. 자유인은 자유의지를 가진 자유로운 사람입니다.

마스터는 자유인입니다.

로빈슨 크루소를 제대로 분석하고 이해하는 데는 아주 많은 시간이 필요합니다. 그 안에는 근대인, 자유인, 시민의 전형이 숨어 있습니다. 자유인, 마스터를 잘 표현하는 사람이 로빈슨 크루소입니다.

로빈슨 크루소와 정반대에 있는 인물은
휴이넘입니다.

근대 자유인의 전형과 정반대에 있는 인물에 대한 간단한 이해가 필요합니다. 휴이넘은 『걸리버 여행기』 4편에 나옵니다. 휴이넘은 로빈슨 크루소와 같은 인물, 그중에서도 속물적인 자본주의적 속성을 부정합니다. 아니 극도로 혐오합니다.

휴이넘은 로빈슨 크루소적인 인간을 '야후'라고 생각합니다.

야후는 우리가 잘 아는 구글(Google) 이전의 야후(Yahoo)와 철자가 똑같습니다. 자유인적인 인간의 속물편은 돈이라면, 목숨도 바치는 인간입니다. 두 책에는 많은 자세한 설명이 필요합니다.

『로빈슨 크루소』와 『걸리버 여행기』는 25년 간격으로 출간됩니다.

『로빈슨 크루소』가 한창 베스트셀러일 때, 『걸리버 여행기』는 아직 세상에 나오지 않았습니다. 『걸리버 여행기』는 처음부터 영국에서 출판되지 못합니다. 너무 적나라하게 현실을 비판했기 때문입니다.

『걸리버 여행기』는 결국 네덜란드에서 출간되어 영국으로 역수입됩니다. 당시에 세상의 모든 금서는 네덜란드에서 출판됩니다. 네덜란드는 가장 자유정신이 투철하고 가장 앞서가는 나라였습니다.

자유인은 로빈슨 크루소 같은 사람이고 노예는 자기 뜻대로 결정할 수 없는 자입니다. 정치적으로 이해하는 자유인이란 무엇일까요? 반대로 고대 그리스나 로마는 왜 노예제도를 정당화했을까요?

우리는 『바람과 함께 사라지다』를 보면서
노예를 인종적 관점에서 생각합니다.

흑색이라는 이유만으로 노예로 취급하는 미국식 노예제도는 전 세계사적으로 일반적이지 않습니다.

고대에는 전쟁에서 진 자가 노예가 됩니다.

전쟁에서 진 자는 목숨을 구걸하려고 노예가 됩니다. 노예는 무엇보다 사는 것이 중요한 사람입니다.

반면 자유인이란 목숨 걸고 싸워서 지는 것보다는 차라리 죽는 게 낫다고 생각하는 사람입니다.

그리스 조작가의 제작소(기원전 480년경, 베를린 국립박물관 소장)

고대인들은 목숨을 구걸하는 사람을 영혼 자체가 순결하거나 용감하지 않기 때문에 노예가 되어도 마땅하다고 생각했습니다. 고대 자유인들은 무릎 꿇고 허리 굽히며 노예로 살기보다 허리를 꼿꼿이 세우고 차라리 죽음을 선택했습니다.

자유인은 당당하게 자신의 몸과 영혼, 정신을 지키기 위해서 싸우다 죽거나 이기면 전리품으로 노예를 차지합니다.

고대 시대에 노예와 자유인인 시민의 차이는 너무나 클 수밖에 없습니다. 고대 시대에 노예제가 정당화되었던 것도 그 때문입니다.

아리스토텔레스가 시민의 조건으로, 자유인의 조건으로 필요노동에서 자유를 이야기한 것도 이런 맥락입니다. 필요노동에서 자유로운 시민만이 소통을 주요 수단으로 하는 정치에 참여하고 향유가 목적인 문화에 참여할 수 있다고 했습니다.

노동이 아니라

직업과

행위를

노예와 시민의 차이는
필요노동 여부에 달려 있습니다.

아리스토텔레스는 『정치학』에서 노예제를 정당화했습니다. 그 의미도 분석했습니다. 시민의 조건, 자유의지를 갖춘 시민의 조건은 필요노동에서 자유로워야 합니다.

필요노동은 먹고사는 데 시간과 노동에 쏟는 것을 말합니다. 필요노동에서 자유로우면 많은 시간 먹고사는 데 노동을 쏟아붓지 않아도 됩니다. 필요노동에 온갖 힘과 정열을 쏟는 사람은 정치에 참여할 수 없고 문화를 향유할 수도 없습니다.

고대의 정치에는 전쟁에 참여하는 것도 포함되어 있습니다.

시민의 특권이자 의무 중 하나는 전쟁에 참여하는 것입니다. 전쟁에 참여할 수 없는 자는 시민이 아닙니다.

아리스토텔레스의 노예제 옹호를 현대적으로는 다르게 해석할 수 있습니다. 정치적으로 능동적인 시민과 문화를 향유할 수 있는 시민은 필요노동에서 자유로워야 합니다.

한나 아렌트는 『인간의 조건』에서
아리스토텔레스의 노예제를 재해석합니다.

그는 노동, 작업, 행위를 구분합니다. 노동은 우리가 흔히 아는 '일하는 것'과 같습니다. 노동으로 살아갈 수 없다면, 인간은 주체적 의지를 갖고 살 수 없습니다. 노동을 통해 적당한 수입을 얻지 못하면 먹고살 수 없기 때문입니다. 노동에 모든 힘을 쏟는 시민은 창조적 행위로서 작업을 할 수 없습니다. 행위는 대화를 말합니다. 노동만 하는 시민은 정치적 행위의 필수 요소인 상호 소통적 행위에도 힘을 쏟을 수 없습니다.

하버마스의 의사소통 행위 이론이 나오기 전,
아렌트는 소통행위가 자유의지를 갖춘 시민의 절대 조건이라고 제시하였습니다.

한나 아렌트의 『인간의 조건』을 이야기하면서 문제를 하나 냈습니다. 음악가에는 천재가 많은데, 미술가에는 천재가 없다, 그 이유는 무언인가? 이런 문제를 내고, 책을 읽어보시면 좋다고 말씀드렸습니다. 아마 답을 찾으셨을 것입니다.

천재의 조건 중 하나는 나이가 어려야 합니다. 화가는 손작업 숙련도가 높아지면 높아질수록 위대한 화가가 됩니다. 따라서 화가는 나이가 들어야 유명해지고 능력을 인정받습니다. 음악은 질서에 대한 해석이기 때문에 어린 나이에도 가능합니다.

화가는 노동이 아니라 작업을 하는 예술가입니다.

화가의 작업은 동일하게 반복적인 노동과 다른

창조 행위입니다. 화가는 단순반복적인 붓질을 수없이, 수만 번, 수천만 번 하는 것 같지만, 그 행위는 창조 행위의 일부입니다. 그 때문에 우리는 화가가 그림을 그리거나 조각할 때 작업한다고 말합니다. 화가의 작업을 우리는 예술의 하나로 받아들이고, 우리는 그 예술을 향유합니다. 문화를 진정으로 향유할 수 있는 것은 시민의 여러 조건 중 하나입니다.

예술을 향유하는 것은 대단히 중요합니다.

예술의 향유에 관한 사회과학적 논쟁이 있습니다. 오디세우스와 세이렌의 노래와 연관됩니다. 이 논쟁은 사실은 'master'와 연관된 1960년의 아주 유명한 논쟁입니다.

오디세우스는 자신의 몸을 돛대(mast)에 묶어 달라고 합니다. 그는 세이렌의 아름다운 노래가 흘러나오는 섬 근처에 도달합니다. 오디세우스는 세이

오디세우스와 세이렌(존 윌리엄 워터하우스, 1891, 빅토리아 국립미술관)

렌의 노래를 듣고 싶어 합니다. 하지만 노래를 들으려고 섬으로 가까이 가면 난파합니다.

오디세우스는 딜레마에 빠집니다.

오디세우스는 아름다운 음악을 듣고 싶은 욕망과 배의 난파 사이에서 고민합니다. 영악한 오디세우스는 좋은 방법을 생각합니다. 오디세우스는 자신의 몸을 묶고 세이렌의 노래를 듣되, 선원들의 귀를 밀랍으로 막고 세이렌의 노래를 못 듣게 합니다. 오디세우스는 선원들에게 부탁합니다. 자신이 풀어달라고 부탁하면, 선원들에게 더 꼭 묶어달라고 말합니다.

오디세우스는 노래를 들을 수 있으나 몸을 마음대로 움직이지 못하기 때문에 아름다운 음악을 향유하지 못합니다. 반면 선원들은 세이렌의 노래하는 모습을 볼 수 있으나 귀로는 듣지 못하기 때문에 역시 아름다운 음악을 향유하지 못합니다.

마스트(mast)에 묶인 사람을 우리는
마스터(master)로 부릅니다.
선원은 노예와 같은 자들입니다.
우리 시대에 예술을 향유하는 사람은 있습니까?

비판이론가들은 이런 질문을 던집니다. 비판이론가들은 현대사회에서 마스터로 사는 자가 있는지, 예술을 향유하는 자가 있는지를 묻습니다.

불행하게 아무도 예술을 향유하지 못합니다.

마스트(mast)에 묶인 자 오디세우스도 세이렌의 노래가 아름다워 더 잘 듣기 위해 몸을 풀어달라고 말할수록, 그의 몸은 더 강하게 묶이고 맙니다. 마스터마저도 음악을, 예술을 향유할 수 없게 된 것이 현실입니다. 선원들은 귀를 막았으니까 당연히 향유할 수 없습니다. 호르크하이머와 아도르노 같은 비판이론가들은 현대인은 누구도 자유인으로 살아가지 못한다고 이야기합니다.

호르크하이머와 아도르노는 문화가 산업이 되었다고 말합니다. 그들은 문화산업 테제를 주장합니다. 문화도 산업이 되었고, 문화도 이윤에 종속되었습니다. 문화는 아름다움을 표현해 향유하기보다 소비의 대상으로 전락했습니다.

스타벅스 로고의 주인공은 세이렌입니다.

왜 스타벅스는 로고에 세이렌을 넣었을까요?

정말 궁금하시지 않습니까?

야후(Yahoo)는 정보를 많이 알면 돈을 많이 번다는 자본주의적 인간을 표현하기 위해 만들어졌습니다. 구글(Google)은 원래 10의 100제곱을 뜻하는 천문학적 숫자 '구골(Googol)'에서 유래한 것으로 정보의 바다를 표시하려고 만들어졌습니다.

스타벅스와 세이렌은?

스타벅스의 로고 세이렌은 노동하면서 먹는 커

피가 아니라 작업하면서 먹는 커피, 소통하면서 먹는 커피를 뜻합니다. 세이렌의 아름다운 음악을 향유하듯이, 커피의 맛을 음미하고 향유하고 커피를 마시면서 이야기하라는 뜻입니다. 우리는 커피를 노동하기 위한 각성제로 마시곤 합니다. 노동을 위한 강력한 각성제인 커피가 아니라 음미와 소통의 대상인 커피, 세이렌의 아름다운 음악과 같은 커피를 파는 곳이 스타벅스라는 뜻입니다.

자유인,
시민으로
살아가기

반냥이와 길냥이 중 무엇을 선택하시겠습니까?

집에서 귀한 반려동물로 살아가는 고양이를 반냥이로 부르고 길가에서 풍찬노숙하는 고양이를 길냥이로 부르겠습니다. 반냥이와 길냥이 중 선택해서 살 수 있다면, 어느 삶을 선택하시겠습니까?

반냥이로 살아가려면 버려야 할 것이 있습니다.

목소리도 버리고, 즐거운 섹스도 버리고, 발톱도 버리고, 쥐를 잡아먹는 즐거움도, 자유롭게 떠돌아다니는 자유도 버려야 합니다.

반냥이로 살아가면 얻는 것이 있습니다.

무염분 사료, 좋은 음식, 집사들의 귀한 대접, 재미있는 놀이터, 놀아주는 집사, 집 밖을 나가면 무서워지는 공포감을 얻습니다. 무엇보다 좋은 것은 10년에서 15년을 산다는 점입니다 .

길냥이로 살아가려면 버려야 할 것이 있습니다.

무염분 사료, 좋은 음식, 집사들의 귀한 대접, 재미있는 놀이터, 놀아주는 집사들을 버려야 합니다.

길냥이로 살아가면 얻는 것이 있습니다.

밤새 맘껏 울을 수 있는 목소리도 얻고, 섹스의 즐거움도 얻고, 날카로운 발톱도 얻고, 쥐를 잡아먹는 즐거움도 얻고, 자유롭게 떠돌아다니는 자유도 얻습니다. 정말 운 좋은 경우는 거의 불가능하겠지만, 뮤지컬 〈캐츠〉의 주인공 자리를 얻을 수도 있습니다. 단 길어야 3년밖에 살지 못합니다.

반냥이와 길냥이의 삶 중 무엇을 선택하시겠습니까? 풍요로운 노예의 삶과 고통스럽지만 자유인의 삶 중 어느 것을 선택하시겠습니까?

우리는 자유인일까요? 자유인은 허리를 굽히지

말아야 합니다. 내가 회사 사장 앞에서 노예처럼 산다고 했을 때, 왜 노예처럼 산다고 할까요? 허리를 굽히기 때문입니다.

허리를 굽히지 않아도 되는데, 우리는 필요 이상으로 허리를 굽히며 살아가야 합니다. 한 번 제대로 맞짱 뜨고 용감하게 사표를 내고 싶지만, 그렇게 못 합니다. 집안의 생계가 걸려 있기 때문입니다. 굽신거리고 사는 것보다는 고개를 당당하게 들고, 숙이고 무릎 꿇고 사는 것보다는 활짝 펴고 사는 것이 훨씬 낫다고 생각합니다.

> 목숨 걸고 싸워 승리하면 명예를 얻고, 설령 싸우다 죽어도 우리는 주인으로 살 수가 있습니다.

싸우다가 져서, 아니면 싸우기도 전에 목숨을 구걸하면 어떻게 될까요? 몇 년 더 살 수 있습니다. 시민으로서 존엄성을 지키지 못한 사람은 노예라고 불렀고, 노예 대접을 받았습니다.

고대 노예는 오래 살지 못했습니다.

기껏해야 3년을 살았습니다. 제대로 먹이지 않고 일만 시켰습니다. 노예를 결혼시켜 자식을 낳게 하고 그 자식을 노예로 삼는 건 생산력이 고도로 발전된 이후에나 가능합니다. 고대에는 노예를 먹여 살리고 결혼시키고, 그 자식을 키우는 데 드는 식량과 비용을 감당할 수 없었습니다. 오히려 빨리 부려먹고 죽으면, 다시 전쟁에서 포로를 잡아 노예를 만드는 게 비용이 덜 들었습니다. 고대 노예의 생명이 길지 않은 이유입니다.

고작 3년! 3년이란 생명을 연장하는 정도의 영혼을 가진 자라고 한다면, 당연히 노예로 살아도 된다고 고대 시민들은 생각했습니다. 모든 영혼을 다해, 혼신을 다해 전쟁을 치렀던 이유입니다.

한 나라의 대통령을 탄핵하는 데
얼굴을 가릴 필요는 없었습니다.

가이 포크스 가면을 쓴 시위자들(제임스 헤리슨, 2008)

하지만 사장님과 회장님의 비리를 고발하고 폭로하는 투쟁에서는 얼굴을 가립니다. 국가 권력에 대항한 투쟁에는 얼굴 까고 소리칩니다. 회사 권력에 대항한 투쟁에는 가면 쓰고 소리칩니다.

국가 권력보다 무서운 것이 회사 권력이라고 말할지 모릅니다.

실제로 생사여탈권을 쥐었기 때문에 회사 권력이 더 무서울 수도 있습니다. 모든 시민이 자기가 속한 회사에 저항할 수 있다면, 과연 회사 권력이 국가 권력보다 더 무서울까요?

우리는 자유인일까요?

자유인은 필요노동에서 자유로워야 합니다. 아니 필요노동에서 자유롭지 못하면 자유인이 될 수 없습니다. 하지만 먹고살기 위해 몸은 물론이고 영혼까지 탈탈 털려야 합니다. 영혼을 털리지 않을

각오를 한 시민은 고용되지 않습니다.

영혼이 털린 시민은 정치에 관심을 가질 수도 없습니다. 관심을 갖지만 정치의 생명인 소통행위에 참여하지 못합니다. 쌍방 소통행위가 이루어지지 않는 정치는 정치가 아니라 행정으로 전락합니다. 영혼이 털린 시민은 정치의 대표자를 뽑는 것이 아니라, 행정의 대표자를 뽑는 수동적인 투표 기계가 될 뿐입니다.

우리는 자유인일까요?

휴일 내내 텔레비전 리모컨을 돌리신 경험이 있을 겁니다. 영화에서 스포츠로, 스포츠에서 연애 프로그램으로, 연애에서 먹방으로 휴일 내내 소파에 누워 텔레비전과 싸웁니다. 어쩌다 시간과 돈을 들여 팝콘의 바삭함과 콜라의 달콤함과 영화가 전해주는 인생의 희노애락과 정의와 분노를 소비합니다. 정말 어쩌다 거금을 들여 춤추고 노래하는 뮤지컬을 소비합니다. 우리는 공짜로 얻은 표로 고급 문화의 상징인 클래식, 오페라도 소비합니다.

우리는 예술을 향유하지 않습니다. 우리는 예술을 소비할 뿐입니다. 우리는 오로지 문화산업을 소비할 뿐입니다.

자유의 여신,
그 비밀

'자유의 여신'이 있습니다. 우리가 잘 아는 들라크루아의 유명한 그림입니다.

자유의 여신상이 있습니다.

미국 뉴욕에 있습니다. 기단에 "자유롭게 숨쉬길 갈망하는 너의 지치고 가난한 무리들을 내게 보내다오"라는 말이 있습니다. 자유를 찾아 오랜 시간 배를 타고 뉴욕에 도착한 이민자들이 이 여신상을 보면 눈물을 흘리고 기뻐했다고 합니다.

고대 그리스에 엘레우테리아라는 자유의 여신이 있습니다.

고대 로마에 리베르타스라는, 그리스의 엘레우테리아를 대신하는 자유의 여신이 있습니다.

고대 신화에 사냥의 여신인 아르테미스는 자유의 여신으로 표현되기도 했습니다.

민중을 이끄는 자유의 여신(외젠 들라크루아, 1830, 루브르 박물관 소장)

자유여신상 디자인
(프리데리크 오퀴스트
바로톨디, 1879)

리키아의 도시, 미라에서 주조된 트란퀼리나 여제 상의 주화, 오른쪽 면에 사원 안에 엘레우테리아 모습이 있다.(출처: Classical Numismatic Group, Inc. www.cngcoins.com)

에게 해변의 전략적 요충지인 스미르나에서 주조된 주화로, 인물이 있는 옆에 '리베르타스'라고 주조되어 있다.(출처: Classical Numismatic Group, Inc. www.cngcoins.com)

아르테미스가 술을 받치다.(기원전 460~450, 루브르 박물관 소장)

왜 자유가 남성신이 아니라 왜 여성신일까요?

들라크루아의 '자유의 여신'에서 고대 아르테미스의 '자유의 여신'까지 살펴보았습니다. 자유의 상징은 대개 남성이 아니라 여성신으로 표현되어 있습니다. 왜 여성이 자유의 상징일까요? 반대로 왜 남성으로 표현된 자유의 신은 없을까요?

어쩌면 자유의 상징은 본래 여성의 것일 수 있습니다. 남성이 여성에게서 자유를 박탈했기 때문입니다. 아니면 여성이 자유를 더 억압받았기 때문에, 늘상 자유를 갈구하기 때문에 여성이 자유의 상징인지도 모릅니다.

남성 지배 사회가 이데올로기적 조작으로
여성을 폄하했는지도 모릅니다.

남성 중심적인 사회의 음험한 여혐 내지는 위험한 남성 우월주의가 자유의 여신에 투영되었는지도 모릅니다.

승리의 신은 누구일까요? 니케입니다.

니케(Nike)를 나이키(Nike)로 바꾸면 어떤 느낌이 나시나요? 승리의 나이키! 혹시 남성적인 느낌이 들지 않습니까? 승리는 본래 여신의 몫이었습니다. 승리의 여신 니케였습니다. 승리의 여신 니케를 나이키로 바꿔놓으면, 스포츠와 관련된 것은 모두 남성이 더 우월하다고 느낌이 들지도 모릅니다. 그전부터 승리는 전쟁과 연관해 남성의 것으로 전취되었는지도 모릅니다. 아니면 승리는 운동과 경쟁과 연관하여 남성 전유물이 되었을 수도 있습니다.

물론 이것은 과도한 억지라고 몰아부칠 수 있습니다. 하지만 운동이나 승리는 여성보다 남성의 이미지에 훨씬 더 가깝습니다.

승리의 여신 니케(기원전 480년경, 루브르 박물관 소장)

하지만 확실한 것은 승리의 여신은
바로 여성신 니케였다는 사실입니다.

질투의 신은 누구일까요? 젤로스입니다. 젤로스는 남성일까요, 여성일까요? 분명 남성입니다. 질투의 남신, 젤로스입니다. 젤로스는 승리의 여신 니케와 남매입니다. 질투는 남성이 많이 할까요? 여성이 많이 할까요? 확실히 알 수는 없습니다. 하지만 언젠가부터 질투는 여성의 전유물이 되었습니다.

남성 중심 사회는 헤라 여신을 질투의 화신으로
만들어놓았습니다.

그 후 질투와 여성은 떼어놓을 수 없게 되었고, 질투망상 역시 여성의 전유물이 되었습니다. 제우스 같은 개망나니 남편을 둔 여성이 그 정도 질투한다고 해서 흉이 될까요? 만약 어떤 여성이 제우스처럼 행동했다면, 그 남편은 훨씬 더 강한 질투심에 사로잡혔을지도 모릅니다.

여성의 질투보다 더 무서운 것은 남성의 질투입니다.

셰익스피어는 남성의 질투가 얼마나 무서운지 정확하게 파악했습니다. 남성의 질투야말로 집안 전체를 파멸로 끌고 가는 지름길입니다. 『오셀로』의 주인공 오셀로를 보십시오. 남성의 질투는 의처증으로 발전하고, 결국 모두를 죽음에 이르게 합니다.

자유는 남성의 전유물이 아닙니다.

우리는 알게 모르게 자유는 남성의 전유물로 생각합니다. 남성 중심주의 사회, 남성 우월주의 사회에서 자유라는 것도 당연히 남성의 전유물로 생각할 가능성이 높습니다. 하지만 자유는 어느 누구의 전유물이 아닙니다.

남성들의 폭력적 구조가 드러납니다.

자유의 여신, 엘레우테리아(Eleutheria)를 보십시

오셀로(윌리엄 멀리디,1840~1863, 월터스 아트 뮤지엄 소장)

오. 로마에서는 리베르타스라고 합니다. 플라톤은 『국가』 8권 557b에서 자유의 여신을 이야기했습니다. 하지만 자유의 여신을 찾아보면, 자료가 거의 없습니다. 조각상이나 그림이 거의 없습니다. 남성들의 폭력적 구조가 드러납니다. 남성들은 조각이나 그림에서도 자유의 여신의 형상과 이미지를 만들어내지 않습니다.

남성들은 심지어 의미마저 바꾸어버립니다.

아르테미스는 사냥의 여신입니다. 아르테미스는 산에서 자유분방하게 자기 멋대로 살아가고 아주 잔인합니다. 아르테미스는 관음증을 상징하는 악타이온이 자기 몸을 보았다는 이유로 사슴으로 바꿔버려서 죽여버립니다. 아르테미스는 자기 뜻대로 안 되면 언제든지 응징과 복수를 합니다. 호메로스 시대까지 아르테미스를 바라보았던 시각입니다.

호메로스가 『일리아드』와 『오디세우스』를 정리 했을 때는 청동기 시대입니다.

청동기 시대에 이르러 잉여 생산량이 늘어나고, 사람들이 정착하면서 신분의 상하 관계가 생기고 언어도 정교해지고 문화도 발전하면서, 매우 복잡한 일들이 벌어지기 시작합니다.

남성들은 아르테미스 여신이 자유분방하게 사는 꼴도, 제멋대로 복수하고, 남성을 짓밟는 것이 마음에 들지 않았습니다. 남성들은 아르테미스가 순결을 약속했다는 이유만으로 순결의 여신으로 바꿔버립니다.

아르테미스는 자유의 여신이자 사냥의 여신에서 순결의 여신으로 바뀝니다.

아르테미스는 자유와 사냥을 하는 여성의 강인함을 상징했습니다. 하지만 강인한 여성으로서 아

사냥하는 아르테미스(루브르 박물관 소장)

아르테미스로 분장한 루이 15세의 애첩 마담 퐁파두르(장 마르크 나티에, 1746, 베르사유 궁 소장)

르테미스는 사라지고 순결의 여신이 되어버립니다. 아르테미스는 자유와 사냥을 빼앗기고 난 후, 순결의 상징을 얻은 뒤 미인의 모습으로 등장합니다.

아르테미스는 본래 지녔던 여성의 자유나 생동감, 강인함, 세상을 뒤집어엎을 만한 무서움 같은 것을 다 상실합니다. 대부분 남성 화가는 아르테미스 여신에게서 자유를 갈구하는 강인한 이미지를 제거하고 여성의 순결한 이미지를 부여합니다.

자유는 모두의 것입니다.
누구나 자유인입니다.

들라크루아와 '자유의 여신'을 보십시오. 프랑스 혁명 기간에 여성의 역할은 대단했습니다. 혁명의 결정적인 도화선인 베르사유 행진은 여성이 앞장섰습니다. 남성들은 처음에는 뒤에서 쳐다보거나 냉소를 보였습니다.

베르사유궁으로 행진하는 여성들(작자 미상, 1789)

다친 정부군 병사들로부터 탄약통을 모으며 노래를 부르는 가브로슈(피에르 조르주 잔니오가 그린 『레미제라블』의 삽화, 1891)

들라크루아의 자유의 여신에
여성이 전면에 서 있는 것은 우연이 아닙니다.

그 그림을 보시면 소년이 나온 것도 확인할 수 있습니다. 『레미제라블』을 읽어보면 프랑스 파리에서 바리케이트를 사이에 두고 정부군과 혁명군이 전투를 치릅니다. 빅토르 위고는 정부군과 혁명군의 목숨을 건 치열한 전투를 따듯한 시선으로 바꾸고, 누구의 혁명이 아닌 모두의 혁명으로 바꿉니다.

빅토르 위고는 가난한 빈민 출신의 가브로슈(Gavroche)란 소년을 통해 전투의 긴장감을 완화합니다. 빅토르 위고는 국민의회 출신의 마뵈프 노인을 통해 혁명의 붉은 깃발을 세우게 합니다. 뮤지컬에 보면 가브로슈의 활약은 잘 나옵니다. 하지만 마뵈프 노인의 행적은 나오지 않습니다.

마뵈프(Mabeuf)는 아주 청렴결백하게 살았던 전 국민의회 의원입니다. 뇌물도 안 받고 성실하게 사니까 돈도 많이 모으지 못해 하녀 한 명만 데리고 삽니다. 처음에는 세 끼 먹다가, 두 끼 먹습니다. 취미 생활로 모았던 동판마저 팔아 겨우 생계를 유지합니다. 나중에는 식사와 집안일을 돌봐주던 하녀도 내보냅니다. 마침내 그는 혼자 한 끼만 먹게 됩니다.

마뵈프는 바르케이트를 둘러싸고 전투가 벌어지자 그 전투에 참가합니다. 빅토르 위고는 마뵈프가 왜 참여하는지 한마디도 쓰지 않습니다. 마뵈프 노인은 혁명이 발발하니까 혁명에 참여할 뿐입니다.

혁명이 발생하면 항상 붉은 깃발이 세워집니다.

정부군의 총탄에 혁명의 붉은 깃발이 쓰러집니다. 누구도 그 붉은 깃발을 세울 엄두를 내지 못합니다. 마뵈프 노인은 묵묵히 계단을 올라가 혁명의 붉은 깃발을 세웁니다. 빗발처럼 쏟아지는 정부군의 총탄에 맞아 죽습니다. 길기는 하지만 감동적이어서 인용해보겠습니다.

『레미제라블』 삽화 중에 바리케이드와 붉은 깃발(프랑수아 플라망, 19세기)

마뵈프는 곧장 앙졸라에게 성큼성큼 걸어갔다. 시가전에 참전했던 사람들은 종교적인 공포심을 느끼며 길을 비켜주었다. 마뵈프는 놀라 뒤로 물러서는 앙졸라에게서 깃발을 빼앗았다. …… 여든 살 먹은 이 노인은 머리가 흔들리기는 했지만 굳건한 걸음으로 …… 계단을 천천히 올랐다. …… 그가 걷는 걸음 하나하나는 놀라운 장면이었다. 흰 머리, 깊게 파인 얼굴, 숭고하면서도 대담하고 주름이 파인 이마, 놀란 채 열린 입, 붉은 깃발을 꽉 쥔 손이 어둠 뒤에서 붉은빛이 도는 횃불 앞으로 점차 더 드러났다. 옆에 있던 사람들은 그의 손안에 든 공포의 깃발을 보고 무덤에서 출현한 1793년의 유령을 본다고 생각했다.

그가 마지막 계단에 올라서고, 보이지 않는 천이백 자루의 총 앞으로 쌓인 쓰레기 더미 위에, 이 흔들거리며 서 있는 무시무시한 유령이 죽음을 앞둔 자신을 곧추세우자 …… 전체 바리케이드가 어둠 속에서 초자연적이고 무시무시한 형상을 불러왔다.

……

'프랑스 대혁명 만세! 공화국이여 영원하라!

형제애여! 평등이여! 그리고 죽음이여!'

……

'해산하라!'

창백하고 초췌한 마뵈프, 그의 눈은 비상하리만치 불타올랐다. 그는 머리 위에 깃발을 흔들면서 다시 반복했다.

'공화국 만세!'

'발사' 다시 소리가 울렸다.

......

노인은 무릎을 꿇었다가 다시 일어섰고, 마침내 깃발을 떨어뜨렸다......

(Victor Hugo, Les Miserables, Tr by Isabel F. Hapgood, pp. 1908~1909)

자유를 누리는 사람은 성인 남성만을 의미하지 않습니다. 자유 시민이라고 하면, 여성, 노인, 청소년, 어린아이 모두 포함합니다. 들라크루아의 '자유의 여신'은 이것을 상징적으로 보여줍니다. 흔히 우리는 자유를 남성에게만 국한하지 않는다고 말합니다. 하지만 의식은 남성만의 자유를 자유로 이해하고, 무의식은 남성 이외의 자유를 극혐합니다. 진정한 자유는 모두 다 누릴 수 있는 보편적 가치입니다.

자유란

무엇일까요?

자유란 무엇일까요?

허리 굽히지 않고 살아가기,
필요노동에 매이지 않기,
예술을 향유하기,
정치에 참여하기,
이렇게 네 가지 조건이 있어야 합니다.

이 네 가지 조건을 실현하고 살아가는 것이 자유 시민의 정의라고 해도 좋습니다. 자유 시민이란 허리 굽히지 않고 살아야 하며, 먹고살기 위한 노동을 해야 하지만 너무 종속되어서는 안 되며, 틈날 때마다 문화를 향유하고, 적극적으로 정치적 소통에 참여해야 합니다.

자유는 대단히 중요하고 무한한 가치가 있습니다. 하지만 자유가 도대체 무엇인지 논증하기는 쉽지 않습니다.

존 로크

로크는 『통치론』에서 자유를 이야기합니다. 그는 인간의 자연적 자유, 사회적 자유, 정치적 자유를 이야기합니다. 하지만 자유를 직접 논증하지 않고, 노예 상태의 반례로 자유를 언급합니다. 로크는 정치적 자유를 '절대적, 자의적 권력으로부터의 자유'라고 말합니다.

인간은
비일관성(inconsistent),
불확실성(uncertain),
미지성(unknown),
자의성(arbitrary)을
갖고 있습니다.

비일관성은 모순된 사고와 행동을 한다는 뜻입니다. 불확실성은 어떻게 생각하고 어떻게 행동할지 알 수 없음을 말합니다. 미지성이란 타인의 사고와 행동을 알 수 없음을 뜻합니다. 자의성이란 제멋대로 사고하고 행동하는 것을 의미합니다.

대다수 인간의 사고와 행동에는 이 네 가지 특징이 있습니다. 권력을 소유한 인간은 더더욱 위의 네 가지 특징을 제멋대로 행사하기 마련입니다. 자유란 이런 권력자에게 복종하지 않는다는 뜻입니다.

로크가 말한 자유는 이것뿐입니다. 나머지는 자유, 생명, 재산 중 재산권을 중심으로 논의할 뿐입니다. 그는 노동이 왜 재산권의 기초가 되는지 역설했습니다.

존 스튜어트 밀은 『자유론』을 집필합니다.

밀은 자유를 타인의 권리를 침해하지 않는 한에

존 스튜어트 밀

서 자신의 선을 추구하는 자유를 말합니다. 그뿐입니다. 밀은 자유를 논증하지 않은 채, 곧장 '사상과 언론의 자유'를 집중적으로 설명합니다.

누구나 자유를 이야기하지만, 자유를 논증하기는 쉽지 않습니다.

자유에 관한 고전적 언급은 플라톤이 했습니다.

플라톤이 『국가』를 쓰면서 앞에서 거론했던 '엘레우테리아(Eleutheria)'를 말합니다. 엘레우테리아는 우리가 아는 자유, 다시 말하면, 건전한 의미의 자유를 뜻한다고 보시면 됩니다. 우리나라 번역본에는 이 중요한 용어를 색인에 넣지 않았습니다. 엘레우테리아는 플라톤 사상의 아주 중요한 단면을 이해할 수 있는 단서입니다.

> 건전한 의미에서 자유는 용기, 절제, 경건 등의 제한을 받는 자유를 말합니다.

절제하는 자유, 용감한 자유, 경건한 자유입니다. 플라톤이 주장하는 자유입니다. 자유를 누리는 자유인은 죽음보다 노예 신세를 더 두려워하는 시민을 뜻합니다. 이런 자유인들이, 시민이 중심이 된 도시국가를 지킨다고 이야기합니다.

> 자유에는 반드시 방종이 따릅니다.

플라톤은 자유를 언급하면서 방종, 다시 말하면 '멋대로 할 수 있는 자유(exousia)'가 따른다고 합니다. 플라톤은 '멋대로 할 수 있는 자유'가 주어지면,

자유는 한계에 도달하고 결국 파멸을 불러일으킨다고 염려합니다. 플라톤의 민주주의에 대한 기우는 여기에서 비롯합니다. 자유에 대한 모든 근심, 걱정, 기우는 플라톤이 갖는 염려의 변종에 지나지 않습니다.

원하는(want) 대로 하는 자유와
바라는(please) 대로 하는 자유는
자유의 필요조건입니다.
법에 제한을 받는 자유는 자유의 충분조건입니다.

원하고 바라는 대로 생각하고 행동하는 것은 자유이지만, 법에 긴박되어 제한받지 않으면 제멋대로만 하는 자유로 귀결될 가능성이 큽니다.

자유에는 반드시 그에 맞는 의무가 따릅니다. 권리에 합당한 의무가 없이 한쪽 끝으로만 더 나아가는 것이 제멋대로 하는 자유, 방종입니다. '제멋대로 할 수 있는 자유'는 기게스의 반지 이야기입니다.

만약 자기 몸을 숨길 수 있다면, 어떻게 할까요? 자기 멋대로 합니다. 돈을 훔치거나 성욕을 숨기지 않습니다. 정치인도 자신의 몸을 숨기는 한편, 전체 시민을 감시하는 장치를 마련합니다. 자신의 통제받지 않는 권력을 감추려고 정보부를 만들고 성벽도 쌓습니다. 그리고 자신이 바라는 대로 법에 속박을 받지 않은 채 제멋대로 통치합니다.

기게스의 반지는 그냥 주어지기도 하지만, 통치자가 스스로 기게스의 반지처럼 살아갈 수도 있습니다. 실제로 엘레우테리아와 엑소우시아는 동시에 존재할 수밖에 없습니다.

플라톤의 선견지명은
자유에 엑소우시아가 있음을 간파한 데 있습니다.

플라톤은 자유가 주어진 국가가 '제대로 잘 굴러가는가'라는 질문을 던집니다. 그는 자유가 주어지고, 민주주의가 진행되면 어떻게 변형되는지 논의

리디아 왕국의 칸다우레스 왕은 신하 기게스에게 은밀하게 왕비의 알몸을 보여준다(장레옹 제롬, 1859, 푸에르토리코 폰세 미술관)

합니다. 플라톤은 극도의 자유를 누린 국가의 시민들이 참주정을 만들어낸다고 주장합니다.

자유의 결과가 참주정이라는 것은 아이러니입니다.

민주주의 국가의 시민이 자신을 옭아맬 독재국가, 즉 참주정을 만들어낸다는 것은 참 아이러니합니다. 플라톤은 그 논증을 정체 순환론으로 증명합니다.

우리 역사를 보면 박정희, 전두환, 노태우, 김영삼 정권의 시대를 겪고, 김대중, 노무현 정권 시대를 열었습니다. 그다음에 시민이 스스로 다시 독재비스무레한 정부, 합법적인 독재적인 정부를 불러냅니다.

독일의 역사에서도 가장 진보적이고 자유로운 바이마르 정부가 무너지고 히틀러 정권이 세워집니다. 쿠데타가 아니라 시민이 투표로 독재정권을 세워냅니다.

플라톤은 무엇이든 지나치면 곧 반대쪽으로 간다고 이야기합니다.

자유, 엘레우테리아가 극단화되어 엑소우시아가 나타납니다. 그다음 정체는 어떻게 되는가? 극단적인 정부가 들어설 수밖에 없습니다.

앞에서 이야기하는 자유를 얻었을 때, 그 자유를 지키는 일은 매우 어렵습니다. 특히 방종하지 않는 책임 있는 자유를 누린다는 것은 더더욱 어려습니다.

우리 사회에서는
돈을 갖고 있는 만큼
자유를 누린다고 보시면 됩니다.

슬프지만 현실이 그렇습니다. 자유가 있지만, 사실은 자유가 없는 상태나 마찬가지입니다. 2만 원이 있으면 2만 원만큼 자유를 누립니다. 200만 원이 있으면 딱 그만큼만 자유를 누립니다.

돈을 가진 것만큼 자유를 누리면 어떤 일이 벌어질까요?

갑질 현상이 나옵니다. 수많은 회장의 갑질은 그냥 나오지 않습니다. 돈이 있으면 그만큼 자유를 누릴 수 있다는 엑소우시아, 무엇이든 해결할 수 있다는 무의식 때문에 갑질 현상이 나옵니다. 말도 안 되는 갑질을 해놓고 갑질을 한지도 모릅니다. 그들은 무엇을 잘못했는지도 모릅니다. 여론에서 갑질을 질타하니까 마지못해 인정하는 척하고 억지로 고개를 숙일 뿐입니다.

자유와 방종의 극단적 상태에 있을 때, 자유를 지킨다는 것은 대단히 어려운 문제입니다.

l은

r보다

강하다

『군주론』은 자유를 논증하지 않습니다.

돌고 돌아 마키아벨리의 자유론, 자유의지론, 자유 시민론에 도착했습니다. 하지만 마키아벨리는 자유, 자유의지, 자유 시민에 대해 정의하거나 논증한 적도 없습니다.

앞에서 길게 자유를 설명한 것은
마키아벨리 자유론의 전제라고 보시면 됩니다.

자유의 조건은 허리 굽히지 않기, 필요노동에서 자유롭기, 예술 향유하기, 정치 참여하기입니다.

자유의지는 바로 이런 조건을 바탕으로 스스로 생각하고 행동하는 것입니다.

자유 시민은 자유의 조건과 자유의지를 바탕으로
원하는 대로 행동하고, 그에 따른 책임과 의무를
다 하는 구성원을 뜻합니다.

자유 시민의 범주는 국가와 사회의 구성원 모두를 포함합니다. 다시 말하면 남성, 남성 소유자, 남성 지식인만이 아니라 여성, 청소년, 어린이, 노인 등 모두 자유 시민입니다.

마키아벨리가 이러한 것을 전제로 자신의 논의를 전개했다는 가정하에서, 마키아벨리의 자유론을 다루어보겠습니다.

마키아벨리는 뜻밖의 이야기를 합니다. 마키아벨리는 생각지도 못한 질문을 던지는 기발한 재능이 있습니다. 『군주론』 3장과 4장의 질문 요지는 간단합니다.

질문 1: 알렉산더는 대단히 큰 나라를 정복했는데, 정복하고 난 후 반란이 없었다. 그 이유는 무엇인가?

질문 2: 프랑스는 주변 지역을 정복하기는 쉬었는데 유지하기는 어려웠다. 또한 로마는 옛 에스

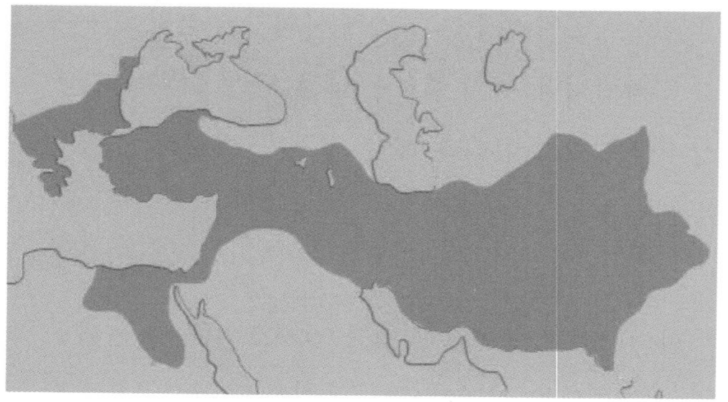

알렉산더가 정복한 지역(기원전 323년)

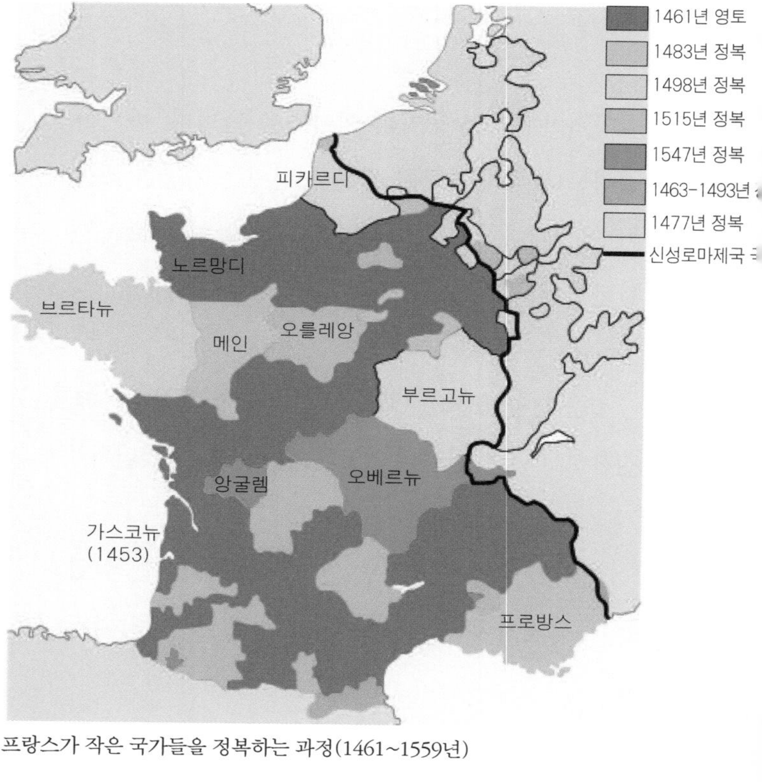

1461년 영토
1483년 정복
1498년 정복
1515년 정복
1547년 정복
1463-1493년
1477년 정복
신성로마제국

피카르디
노르망디
브르타뉴
메인
오를레앙
부르고뉴
앙굴렘
오베르뉴
가스코뉴
(1453)
프로방스

프랑스가 작은 국가들을 정복하는 과정(1461~1559년)

파냐 지역을 쉽게 정복했지만 유지하기 어려웠다. ('유지하기 어려웠다'는 반란이 많았다는 뜻이다.) 그 이유는 무엇인가?

질문 정리: 참고로 말하면 이 문제를 일반화한 다른 형태로 바꿀 수 있습니다.

크고 넓은 지역을 점령하기는 어렵지만 유지하기 쉬었고, 작은 지역을 점령하기는 쉬웠지만 유지하기는 어려웠다. 그 이유는 무엇인가?

쉬운 질문 같지만 답을 내리기는 쉽지 않습니다. 수많은 전쟁사를 파헤치고 또 연구했던 마키아벨리는 엄청난 혜안으로 간단하게 답을 내립니다.

알렉산더가 정복했던 지역은 전제군주 1인이 통치했기 때문입니다. 프랑스와 로마가 점령했던 지역은 귀족이 많았기 때문입니다.

전제 군주 1인이 통치하는 국가를
점령한 경우입니다.

전제군주 1인의 강력한 지도력, 책임감과 능력 있는 관료들의 일사분란한 움직임, 군주와 한 몸과 한 마음으로 생각하는 백성들을 정복하기는 쉽지 않습니다. 반면 그런 전제국가를 점령한 후에는 구심점이 소멸하여 반란을 일으키지 않습니다.

귀족들이 통치하는 국가를 점령한 경우입니다.

서로 생각을 달리하는 많은 귀족, 특히 군주가 사라지면 자신이 왕이 될 수 있다고 생각하는 귀족이 많은 나라는 정복하려는 군주와 내통하기 쉽습니다.

가벼운 이간질과 묵직한 뇌물은 귀족의 힘을 분산시켜 정복하기 쉽습니다. 하지만 정복당한 후에도 수많은 귀족은 스스로 왕위에 오르고 싶어합니다. 이들은 언제든 기회만 되면 정복 군주에 대해 모반을 꾸미곤 합니다. 따라서 정복 군주는 이런 지역을 점령하기는 쉽지만, 통치하기는 어렵습니다.

마키아벨리의 질문은 날카로웠고,
대답은 정확했습니다.

마키아벨리는 새로운 질문은 던집니다.

질문 3: 자유를 누리던 국가를 점령하면 어떻게 해야 하는가?

마키아벨리는 자유 국가를 점령하면 완전 섬멸하라고 주장합니다.

마키아벨리는 3장과 4장에 이어 5장에서 자유롭게 살던 국가는 어떻게 해야 하는지 질문을 던집니다. 그리고 답변으로 완전 섬멸하라고 주문합니다. 완전히 다 죽여버려야 한다고 주장합니다. 이럴 때

명불허전이란 말을 씁니다. 너무 무섭고 섬뜩한 주장에 우리는 '그럼 그렇지! 역시 마키아벨리다워!'란 말을 합니다.

섬멸전의 전형은
로마가 카르타고를 점령했을 때 나타납니다.

로마는 명장 한니발의 조국 카르타고를 점령한 뒤 나라 전체에 소금을 뿌립니다. 얼마나 많이 뿌렸는지 30년 동안 풀이 자라지 않았다고 합니다.

지금으로 따지면 핵폭탄을 터트린 것과 마찬가지입니다. 아니 핵폭탄보다 무서운 것이 소금 폭탄입니다. 핵폭탄은 터져도 조금 지나면 풀은 납니다. 풀을 먹는 초식동물도 기형이지만, 살 수 있습니다. 초식동물을 잡아먹는 육식동물도, 가장 상위 포식자인 인간도 기형의 형태이지만, 살아갈 수 있습니다. 로마가 뿌린 소금은 풀도, 초식동물도, 육식동물도, 인간도 살지 못하게 했습니다.

로마는 카르타고의 여성을 다 잡아서 노예로 만들어버리거나 팔아 치웁니다. 카르타고를 이어갈 후손들이 태어나면, 다시 로마에 도전할지 모른다다고 생각했기 때문입니다.

어린아이들도 다 노예로 팔아버립니다. 성장하면 다시 로마에 도전할지 모른다는 공포 때문입니다.

성인 남자는 당연히 다 죽여버립니다. 지금 당장 다시 도전하는 것이 두려워서입니다.

자유를 누린 국가에
과두정부를 수립하면 어떨까요?

과두정부는 마음에 드는 정치세력을 뒤에서 조정해 세운 꼭두각시 정부입니다. 가장 유명한 역사적 사례는 스파르타에 의한 아테네 정부 수립입니다. 그 유명한 '30인 참주정'입니다. 플라톤의 친척이 두 명이나 참여했던 정부입니다.

정복한 군주 입장에서 과두정부 수립은 솔깃한 제안입니다. 피정복 국가의 일부 지도층 입장에서도 과두정부 수립은 괜찮은 제안입니다.

정복 군주가 믿을 만한 자들을 내세워 과두정부를 수립하고, 그 정부가 세금을 거둬 상납하게 만드는 방법입니다. 식량과 돈도 갖다 바치니 얼마나 좋을까요? 하지만 30인 참주정은 2년이 채 안 되어서 몰락합니다.

또 다른 방법은 직접 통치입니다.

로마가 그리스 도시국가들을 정복했을 때입니다. 로마는 그리스 도시국가보다 군사적으로 강력했지만, 문화적으로 열등감을 가졌습니다. 로마는 그리스 도시국가들을 정복한 후 온갖 혜택을 줍니다.

로마는 그리스 도시국가를 정복한 다음에 괴뢰정부 비슷한 것을 세워놓고 이전에 누리던 자유를 누리게 했습니다. 그 결과는 시민의 저항이었습니다.

로마는 결국 그리스 도시국가 시민들의 자유를 완전히 박탈하고, 식민 통치 상태로 만들어버립니다.

자유를 누렸던 국가는 어떻게 하는 게 좋을까요? 마키아벨리는 괴뢰정부를 수립하거나 직접 통치하기보다는 완전 섬멸이 가장 좋다고 이야기합니다.

겉말에 속으면 안 됩니다.
마키아벨리가 주장한 완전 섬멸은 겉말입니다.
속말은 따로 있습니다.

완전 섬멸은 논리적 넌센스입니다.

직접 통치는 군주가 정복지를 직접 다스리는 것으로, 정복 지역 국가로 가서 시민을 상대로 면대

면으로 통치를 하는 것입니다. 직접 통치를 하면 군주가 정복한 나라를 잘 파악할 수 있습니다. 군주가 대리자, 예컨대 총독 같은 중간 관료를 거치지 않기 때문에 군주의 명령과 피정복민의 의사가 직접 전달됩니다. 직접 통치는 이런 점에서 무척 장점이 많습니다.

한 번 잘 생각해보면
논리적인 넌센스가 발생합니다.

5장에서 자유를 누린 국가를 완전 섬멸하라고 주장하는 반면, 4장에서는 직접 통치하라고 주장합니다.

마키아벨리는 대단히 명쾌하고 명석한 철학자이자 정치학자이자 역사학자이자 그리고 재치가 넘치는 극작가입니다. 마키아벨리는 재미있는 글도 많이 썼습니다. 마키아벨리가 지은 희곡 작품을 찾아 읽어보시기 바랍니다. 마키아벨리는 아주 재미있고 재기발랄하고, 아주 천재적이고 논리적인 작가입니다.

마키아벨리는 다른 지역, 다른 언어를 쓰는 국가를 정복하면, 직접 통치하는 것이 좋다고 주장합니다. 반면 또 다른 기준을 도입해 자유를 누렸던 국가를 정복하면 완전 섬멸하라고 주장합니다.

다른 나라, 다른 언어, 자유를 향유한 국가를 정복할 경우 군주는 어떻게 해야 할까요?

완전 섬멸이 맞을까요,
아니면 직접 통치를 해야 할까요?

로마 입장에서 그리스는 다른 나라, 다른 언어, 다른 지역입니다. 이 경우 로마는 그리스 도시국가를 직접 통치해야 합니다. 하지만 그리스 도시국가는 자유를 누렸던 국가이므로 완전 섬멸해야 합니다. 완전 섬멸하면 직접 통치할 대상이 사라집니다. 거꾸로 직접 통치를 하면 끊임없이 시민의 저항에 부딪혀야 합니다.

미국의 우주선은 달나라에 갔다 왔는가?

미국의 우주선이 달나라에 갔다 왔다는 사실은 차고도 넘칩니다. 갔다 오지 않았다는 증거도 차고도 넘칩니다. 무중력 상태인데 성조기가 휘날리는 사진은 달나라에 가지 않았다는 명확한 증거로 제시됩니다. 게다가 1969년에 갔다 왔는데, 그 후 과학기술이 한참 발전되었고 국력도 커졌는데 한 번도 가지 않았다는 것 역시 증거로 제시됩니다.

미국의 달나라 왕복은 사실일까요, 거짓일까요?

달나라 왕복 여부는 논리로 답해볼 수 있습니다. 우리나라 전라남도 나로도에 조그만 우주 기지가 있습니다. 우주 기지가 작다는 것은 작은 우주선, 인공위성 등을 쏘기 때문입니다. 우주 기지가 크다

우주선 발사 장면(출처: 미국항공우주국 NASA)

는 것은 큰 우주선을 쏘기 때문에 큽니다.

달나라에 우주선을 쏠 정도라면 어마어마한 기지가 필요합니다. 미국의 나사는 어마어마한 우주기지입니다. 만약 달나라에 도달하는 우주선을 쏘려면, 엄청 큰 기지가 필요합니다.

반대로 달에서 지구로 되돌아오려는 우주선을 쏘려면, 달에도 기지가 필요합니다.

그 기지는 최소한 지구에 있는 기지의 6분의 1은 되어야 합니다. 달의 중력은 지구 중력의 6분의 1이기 때문입니다. 어쩌면 이보다 더 큰 기지가 필요할지도 모릅니다. 달에 지구인이 살지 않으므로, 모든 것을 원격 조정해야 하기 때문입니다.

여기서 넌센스가 발생합니다. 달나라에 우주 기지가 있으려면 먼저 왕복선이 가야 합니다. 왕복선이 있어야 우주 기지를 만들 재료와 사람을 보낼 수 있기 때문입니다. 반대로 왕복선이 다시 되돌아오려면 우주 기지가 먼저 있어야 합니다. 달나라에 우주기지가 없는 한, 달나라 유인 왕복선을 달에서 쏠 수 없기 때문입니다.

닭이 먼저냐 알이 먼저냐!
달에 기지를 만들려면 우주선이 가야 하고,
우주선이 되돌아오려면
달에 우주 기지가 있어야 합니다.

획기적인 과학기술의 발전이 없는 한, 달을 오가는 우주 왕복선은 불가능합니다. 우리가 영화에서 보는 것과 같은 우주선, 공상에 근거한 획기적인 기술, 그것도 엄청난 에너지를 비축할 수 있는 기술의 발전이 필수입니다.

마키아벨리도 마치
이런 논리적 넌센스에 빠진 것과 같습니다.

완전 섬멸전을 하면 직접 통치 대상이 사라집니다. 반대로 직접 통치를 하면 언제든 저항할 적을 등뒤에 지고 사는 것과 같습니다. 마키아벨리의 주장을 겉으로만 바라보면 이런 넌센스에 빠집니다.

논리학을 배울 필요가 있습니다. 논리학을 안 배우더라도 논리상의 오류는 반드시 찾아내야 합니다. 세상에 속임수가 너무 많기 때문입니다. 그런데 왜 천재적인 마키아벨리가 이런 오류에 빠졌을까요?

마키아벨리의 속말은 전혀 다른 뜻입니다.

마키아벨리는 겉말로는 "완전히 섬멸해버려라"라고 말합니다. 이 말을 거꾸로 생각해봐야 합니다. 정복 군주가 아니라 피정복 군주, 다시 말해 불가피한 상황에서 나라를 빼앗긴 군주의 입장에서 생각해봐야 합니다.

한 군주가 있습니다. 그는 시민에게 완전한 자유를 부여하고, 잘 먹고 잘살게 해주었습니다. 누구나 실수하듯이, 이 군주도 실수로 나라를 빼앗겼습니다. 그럼 어떤 일이 발생할까요? 다시 말하면 통치자가 시민을 존중하고 잘 먹고 잘살 수 있게 해주고, 자신도 멋대로 하는 방종인 엑소우시아가 아니라 진정한 엘레우테리아를 누렸다고 생각해보시기 바랍니다.

마키아벨리에게 가장 중요한 것은
'자기 나라는 자기 시민이 지킨다'입니다.

그렇게 하려면 군주는 훌륭한 군대를 만들어야 합니다. 훌륭한 군대를 만들려면 좋은 법이 필요합니다. 좋은 법은 시민이 잘 먹고 잘살게 해줍니다.

마키아벨리의 속말은
사실 전혀 다른 이야기를 합니다.

시민이 완전한 자유를 누리고, 잘 먹고 잘사는 나라, 그런 시민으로 구성된 군대, 군주 역시 방종이 아닌 자유를 누리는 나라! 이런 나라는 정복하기도 어렵고 정복한 다음에는 통치하기도 어렵습니다. 바로 그렇게 때문에 완전 섬멸해버려야 한다고 주장합니다. 하지만 이 말은 직접 통치와 맞지 않습니다.

완전 섬멸은 시민 존중론으로 읽어야 합니다.

당신이 군주라면 시민들을 어떻게 대하는 것이 좋은가? 군주의 입장에 서보시기 바랍니다. 어떤 군주가 세상에서 가장 행복한 군주가 될까요? 5장을 다른 장과 비교해서 읽어보시기 바랍니다.

귀족은 어떤 자인가. 귀족은 군주와 동급입니다. 귀족 입장에서 군주는 혈통 덕분에 군주가 된 자입니다. 귀족들은 나라를 빼앗길 때 어떻게 할까요? 자신들이 앞장서서 다른 나라 군주에게 갖다 바칩니다. 나라를 빼앗긴 군주에게 귀족들이 그 나라를 찾아줄 리 없습니다. 정반대로 귀족들은 정복 군주에게 자기를 왕으로 임명해달라고 부탁합니다.

군주는 누구를 믿어야 할까요?

군주는 아주 많은 것을 바라지 않는 시민을 믿어야 합니다. 시민은 무엇을 바라는가? 그냥 조금 잘 먹고 잘사는 것을 요구할 뿐입니다. 평범한 시민들은 작년보다 올해가 조금이라도 더 나으면 좋고, 올해보다 내년이 조금 더 낫다는 희망이 있으면 만족합니다. 시민들은 군주가 되고 싶은 욕심이 전혀 없습니다.

만약 군주가 일반 시민에게 잘 먹고 잘살게 해주었는데, 나라가 침략을 당해 조국을 잃는 상황이 생기면 어떤 일이 발생할까요? 시민이 모두 다 민병대와 독립군이 되어 침략 군주에 저항합니다.

속말은 한마디로 정리됩니다.

겉말인 완전 섬멸을 속말로 바꿔 생각해야 합니다. '어떤 나라의 군주이든, 군주는 시민에게 자유를 부여해야 한다. 자유를 맛본 시민은 절대 나라를 잃게 하지 않는다. 나라를 잃는다 해도, 곧 나라를 되찾아 군주에게 돌려준다.' 마키아벨리는 5장에서 다음과 같이 말합니다.

자유와 옛 관습은 아무리 많은 시간이 흘러도, 아무리 많은 이익을 주어도 망각되지 않기 때문입니다. 그리고 시민들을 해체하고 흩어지게 하지 않는 한, 새로운 통치자가 아무리 예측하고 대책을 세운다고 할지라도 시민들은 그 이름과 그 제도를 잊지 않습니다. 그리고 사태가 유리해지면 그들은 곧장 자유라는 이름과 옛 관습으로 되돌아갑니다. (『군주론』, 169쪽)

마키아벨리는 자유란 망각의 대상도 아니고, 매수의 대상도 아니고, 자연적 흐름과 인간적 탐욕도 개입하지 못하는 신성성이 있다고 말합니다.

자유를 누린 국가의 시민은
자유를 지키기 위해 대단히 전투적입니다.

공화국에는 더 많은 생명력, 더 많은 증오심, 복수에 대한 더 많은 갈망이 있습니다. 그들은 과거의 자유를 회상하면서 안주하지 않으며, 안주할 수도 없습니다. (『군주론』, 169쪽)

마키아벨리는 '군주시여! 시민에게 완전한 자유를 주십시오!'라는 말을 직접 하지 못합니다. 이 말에 경청해줄 군주는 당시 아무도 없었습니다. 마키아벨리는 에둘러 '자유를 누린 국가는 완전 섬멸해야만 합니다'라고 말합니다. 이 말의 속뜻을 생각해야만 마키아벨리의 의도를 간파할 수 있습니다.

자유의

힘

행운의 여신도 자유의지 앞에서는
꼼짝 못합니다.

마키아벨리는 25장에서 행운의 여신이 인간의 행동을 절반 이상 통제한다고 말합니다. 인간은 운명에 저항할 수 없습니다. 이것은 사실입니다. 하지만 인간에게는 희망이 있습니다. 자유의지는 무엇도 막을 수 없습니다. 자유의지는 행운의 여신과 운명조차도 극복할 힘을 줍니다.

저는 우리의 자유의지를 말살하고 싶지 않습니다. 행운의 여신이 우리 행동의 절반을 지배하지만, 행운의 여신조차도 나머지 절반 또는 거의 모두를 우리가 통제하도록 남겨두었다고 저는 판단합니다. 이것은 진실입니다. (『군주론』, 79~93쪽)

마키아벨리는 행운이 자기에게 다가올지라도, 또 자기에게서 멀어지더라도 인간이 자유의지를 갖고 있다면, 무엇이든지 다 할 수 있다고 말합니다.

흙수저를 비난하는 것이 아닙니다.

마키아벨리에 따르면 우리는 실패한 사람, 현재 흙수저인 사람에게 비난을 퍼부을 수 있습니다. 하지만 우리는 흙수저에게 흙수저로 사는 이유를 '네가 노력하지 않았기 때문이야!'라고 말해서는 안 됩니다. 마키아벨리식대로 말하면 '자유의지가 약하기 때문이야'라고 말해서도 안 됩니다. 왜냐하면 이는 사회구조적 문제로, 우리 사회는 이미 재봉건화되었기 때문입니다.

자유의지가 얼마나 중요한지 이해하는 것이 중요합니다.

자유의지를 갖춘 사람은 불운도 넘어설 수 있습니다. 자유의지가 강한 사람은 불운을 막아낼 수 있습니다. 자유의지대로 사는 사람은 불운을 행운으로 바꿀 수 있습니다.

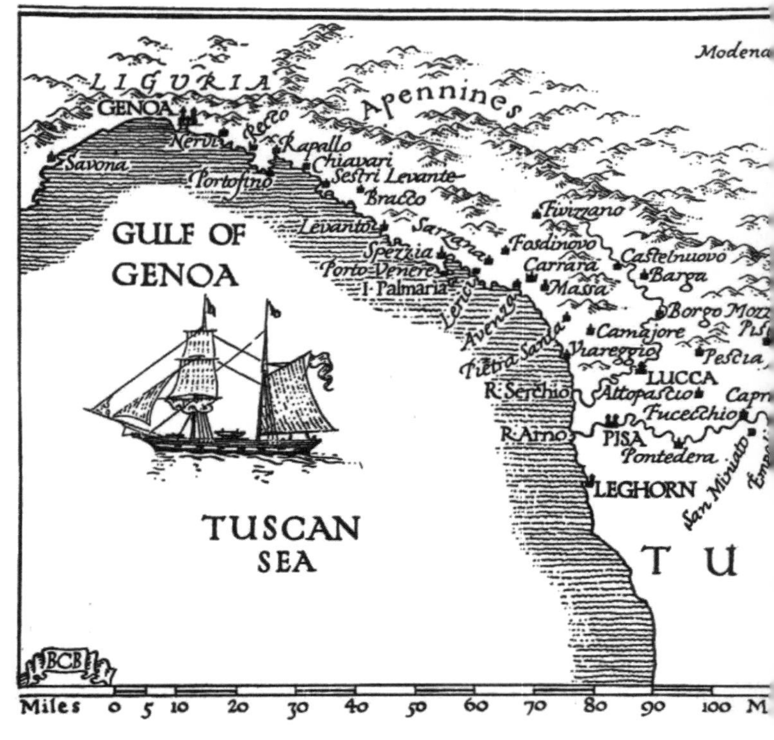

투스카니 북쪽 도시들(*FLORENCE AND NORTHERN TUSCANY WITH GENOA*, 1907)

ÉMILIA
RAVENNA
ADRIATIC
SEA
Cervia
Forli
Apennines
Rimini
Borgo S. Lorenzo
Dicomano
Pesaro
M. Falterona
Fiesole
Pontassieve
Pratovecchio
Urbino
Laverna
RENCE
Poppi
Bibbiena
Prato
Magno
R. Arno
Borgo S. Sepulcro
Ancona
MARCHES
Arezzo
C. di Castello
A N Y
R. Tiber
Gubbio
SIENA
Cortona
UMBRIA
es 0 5 10 20 30 40 50 60 70 80 90 100 Miles

모든 시민이 자유의지를 갖고 살아가는 국가는 아주 무서운 국가입니다.

이런 자유의지는 그냥 나오는 것이 아니라, 자유를 누렸을 때 나옵니다. 나비스 치하의 스파르타 시민을 보십시오.

필요노동에서 자유로워 정치에 끊임없이 참여하는 시민은 나라가 위기에 처할 때 가만있지 않습니다. 정치의 주인, 곧 주권자로서 나라를 지키려고 모든 힘을 다 쏟는 것이 바로 자유 시민입니다.

다시 나비스를 보라!

내 나라, 내 조국은 내가 지켜야 한다는 의식을 갖게 하는 것이 누구일까요? 바로 군주입니다.

요즘 말로 하면 통치자, 대통령, 수상일 수도 있습니다. 다른 말로 하면 한 국가의 지도층입니다.

마키아벨리도 자유란 무엇인지 논증하지 못합니다. 마키아벨리는 자유란 돈으로도 살 수 없고 망각의 대상도 아니고 무엇으로도 설명할 수 없는 신성성이 있다고 말합니다. 그 무엇으로도 설명할 수 없다는 것은 논증이 불가능하다고 선언한 것입니다. 논증이 불가능한 것은 경험하고 느끼고 향유하는 것밖에는 설명할 길이 없습니다.

논증 불가능성은
경험으로 치환이 설명 방법입니다.

자유는 자유를 누리기 전까지 얼마나 귀한지 모릅니다. 자유는 한번 누리고 나면 절대 잊어버릴 수 없습니다. 마키아벨리는 그 예를 듭니다.

피사는 100여 년 동안이나 피렌체의 노예 상태였지만 곧장 자유를 되찾았습니다. (『군주론』, 169쪽)

빼앗기면 언제든지 다시 찾으려고 노력하는 것,

스파르타의 나비스 주화

이것이 바로 자유입니다. 다른 나라가 침략해서 자유를 빼앗으려 할 때, 자유를 누린 자유인은 절대 자유를 놓치지 않으려 합니다. 놓친다 할지라도 다시 자유를 찾기 위해 노력합니다.

자유를 지키기 위해 싸우고, 자유를 잃으면 다시 얻기 위해 싸우는 것이 바로 자유인입니다.

스파르타의 나비스를 자유인의 관점에서, 자유 시민의 관점에서 보시기 바랍니다. 폄훼하는 자들의 나비스를 완전히 망각해버리고, 나비스에 의해 자유를 누린 시민을 보시기 바랍니다.

나비스를 지지했던 사람들은 감옥에 갇혀 있던

사람들이고 거지, 강도, 살인범들입니다. 사회의 최하층민인 그들은 나비스에 의해 자유를 누렸습니다. 스파르타가 로마에 의해 몰락합니다. 로마는 그들에게 '너희가 가져갈 수 있는 것 다 가지고 스파르타를 떠나라!'라고 명령합니다.

하지만 스파르타의 최하층민은 자신들의 조국이자 자유를 누리며 살던 스파르타를 떠나지 않습니다. 그들은 나비스 같은 군주가 다시 나타나기를, 스파르타를 재건할 군주가 나타나기를, 다시 자신들에게 자유를 누리게 해줄 군주가 생환하기를 기다립니다.

로마는 스파르타의 군주 나비스가 무서운 것이 아니라 나비스에 의해 시민인 된 자유인을 무서워합니다.

자유는 이처럼 소중합니다.

한 나라의 귀족이 빼앗긴 나라를 되찾아줄 리 없습니다. 귀족은 나라와 조국을 위해 헌신하지 않고, 스스로 군주가 될 궁리를 할 뿐입니다.

부자에게, 돈에게, 자본에게는
조국도, 국가도, 민족도 없습니다.

한 나라의 부자도 빼앗긴 나라를 찾아줄 리 없습니다. 부자는 돈이라면 어디든 흘러갈 뿐입니다.

최저 임금을 올린다고 하니까, 우리나라 1호 상장기업 경방이 베트남으로 옮기겠다고 선언합니다. 우리나라 임금의 10분의 1이니까, 그쪽에서 기업을 운영하는 것이 훨씬 더 낫다고 판단했기 때문입니다. 이런 것이 기업의 논리이자 부자의 논리입니다. 부자는 이렇듯 조국이나 민족에 관심이 없습니다.

자유를 누리는 시민, 자유의지를 갖춘 시민이
사는 나라는 정말 강한 나라입니다.

마키아벨리는 이런 국가를
좋은 법과 훌륭한 군대를 가진 나라라고 합니다.

훌륭한 군대는 적어도 군대 안에서는 같은 사병끼리, 같은 지위 계급끼리는 절대 평등을 누리면 됩니다.

군대에서는
돈이나 지위, 빽이 통하지 않으면 됩니다.

집안이 좋다고 좋은 보직을 받고, 권력이 있다고 좋은 보직을 받고, 가난하고 빽이 없다고 해서 뺑뺑이나 도는 보직을 맡는 군대는 나쁜 군대입니다. 부자집 자식이라고 해서 좋은 음식을 사먹고 외출을 밥 먹듯이 하면서 병역의 의무를 이행하고, 가난한 집안의 자식이라고 해서 짬밥만 먹는 군대는 나쁜 군대입니다. 그런 군대는 전쟁이 나면 전우애가 사라지고, 전쟁에서 패합니다.

좋은 법을 가진 국가는 노력한 만큼 잘 먹고 잘 살 수 있는 국가를 말합니다.

먹고살기 위해서만 노동하는 나라는 급작스런 위험에 닥치면 시민이 전쟁에 참여할 수 없습니다. 자신과 집안 식구가 먹고살기 위해서 나라를 위한 전쟁에 참여할 수 없기 때문입니다.

좋은 법을 가진 국가는 시민 스스로 나라의 일에 참여하기 때문에 전쟁이 발생해도 쉽게 이겨내곤 합니다. 전쟁에 참여하는 정치적 결정을 내리고, 참전하는 것은 시민의 의무이기 때문입니다. 지나치게 가난하면, 먹고살기에 모든 정열을 쏟아 부어야 한다면, 시민의 역할을 다 하기 어렵습니다.

좋은 국가는 전쟁이 발생해도 먹을 게 궁하지 않는 나라입니다.

마키아벨리는 그런 나라로 당시 독일의 자유도

시를 듭니다.

독일의 도시들은 1년 동안 먹고 마시고 땔 수 있을 만큼의 충분한 재원을 공공 창고에 보유하고 있습니다. 그 외에도 독일의 도시들은 인민이 공공 재원을 사용하지 않고서도 지낼 수 있도록 준비하고 있습니다. 바로 도시의 생명이자 힘이며, 인민이 먹거리를 벌어들이는 산업의 생명이자 힘인 그러한 직업들이 1년 동안 작업하는 데에 필요한 모든 것을 상점에 쌓아놓고 있습니다. (『군주론』, 358쪽)

시민은 열심히 일해서 잘 먹고 잘살 수 있어야 합니다. 군주는 시민에게 이런 기본적 조건을 보장해주어야 합니다. 아무리 전시라 해도 시민은 잘 먹고 잘살 수 있어야 합니다. 잘 먹고 잘사는 나라를 빼앗기고 싶은 시민은 없습니다. 그런 나라를 지키고 싶어 하는 것이 바로 자유 시민입니다.

그라쿠스 형제의 간절한 외침을 망각한 로마는 공화정이 몰락하고 독재정으로 흘러갑니다.

이탈리아의 들짐승들도 굴과 구멍 그리고 숨길 곳을 갖고 있는 반면, 이탈리아의 방어를 위해 싸우다 죽은 시민들은 실제로 공기와 빛만을 향유할 뿐 그 밖의 아무것도 소유하지 못했습니다. 집도 없고 의존할 땅도 없는 시민들은 처자를 데리고 떠돌아다니고 있는 데도, 지휘관들은 그들에게 적에 대항해 분묘와 사원을 지키는 전투를 하라고 입에 발린 말을 합니다. 왜냐하면 그렇게 많은 로마인들 중에 단 한 명도 가족용 제단과 조상의 묘지를 가진 자는 없지만, 그들은 다른 사람의 사치와 부를 지속시키기 위해 싸우며, 그들 자신 소유의 땅 한 평 소유하지 못한 채 세계의 주인이라는 명칭만 받은 채 죽어가기 때문입니다. (플루타르크, 『영웅전』, 티베리우스 그라쿠스 편 중에서)

다시 플라톤으로 돌아가봅니다.

플라톤은 『국가』 2권 1장에서 '기게스의 반지'를 씁니다. 기게스는 엘레우테리아가 아니라 엑소우시아, 방종하는 자입니다. 방종과 방탕과 타락을 일삼는 자는 바로 우리 자신입니다. 안 보인다는 전제 조건만 있으면, 누군가의 시선에서 감춰질 수만 있다면, 무엇이든지 마음대로 하려는 존재가 바로 우리들입니다.

플라톤은 엑소우시아에 치우치지 않는 엘레우테리아적인 시민을 요구합니다.

플라톤은 마키아벨리와 정반대의 길을 갔지만, 엘레우테리아를 보장해줄 수 있는 군주는 누구인지 묻습니다. 플라톤은 인간의 본성상 그런 군주는 없다고 보았습니다. 그렇기 때문에 그는 철인 군주를 꿈꿉니다. 플라톤은 철인 군주를 통해 절제 있는 자유를 주장한 것이나 마찬가지입니다.

마키아벨리도 이 질문은 던집니다. 16세기 무렵의 이탈리아와 현재 우리에게도 이 질문이 던져집니다. 마키아벨리는 철인 군주가 아니라 현실 군주가 시민이 자유를 누릴 수 있게 도와주어야 한다고 말합니다.

우리나라가 좋은 나라라고 한다면,
청년들이 나라를 떠나서는 안 됩니다.

오히려 나라에 문제가 생겼을 때 나라를 떠나지 않고, 나라를 지키기 위해 애써야 합니다. 내 나라, 내 조국, 내 민족은 내가 지켜야 합니다. 부모형제와 친구가 위험에 처했는데 떠나서는 안 됩니다.

하지만 우리 청년들은 헬조선 탈출을 외칩니다.

왜 그럴까요? 지금까지 통치자들이 청년들에게 꿈과 희망의 실현을 도와주지 않았기 때문입니다. 청년들이 자신이 원하는 대로 성장할 기회를 갖지 못했고, 사회가 평등하지 않다고 생각하기 때문입니다.

헬조선을 외치는 청년이 잘못한 것이 아니라
헬조선을 외치도록 만든 기성세대가
잘못한 것입니다.

청년들이 필요노동을 벗어날 뿐만 아니라 예술을 향유할 기회를 주어야 합니다. 청년들이 창조적인 새 세상을 만들어갈 수 있어야 합니다. 마키아벨리는 예술을 향유하는 것이 아주 중요하다고 말합니다.

> 여기에 덧붙여 현명한 군주는 해마다 적절한 시기에 인민이 축제와 화려한 볼거리에 참석하게 해야 합니다.
>
> (『군주론』, 742쪽)

물론 청년만 이런 혜택을 받아서는 안 됩니다. 누구나 다, 앞에서 말한 모든 시민, 여성, 노인, 어린이들, 누구나 모든 이런 혜택을 받아야 합니다. 그런 나라가 진정 강한 나라입니다.

통치자의 역할

통치자는 시민이 자유를 누리기 위해

어떤 역할을 해야 할까요?

그 통치자가 누구이든, 무엇으로 불리든 상관이 없습니다. 통치자가 해야 할 일은 별것 아닙니다. 마키아벨리가 아주 복잡한 이야기를 하고 플라톤과 전혀 다른 이야기를 하는 것 같습니다. 플라톤과 마키아벨리는 전혀 다른 방법 위에 서 있지만, 사실은 같은 이야기를 합니다. 국가의 공동 목표는 엘레우테리아를 시민에게 심어주는 것이 핵심입니다.

시민의 자유 강화에는

좌파나 우파, 진보와 보수의 구분이 없습니다.

우파 정권이든 좌파 정권이든, 혁신 정권이든 보수 정권이든 상관이 없습니다. 시민들은 우파나 좌파, 진보와 보수, 그런 것에 별로 관심이 없습니다.

시민들은 이념적 전쟁에 정말 관심이 없습니다.

마키아벨리는 시민의 자유 강화를 위한 정치를 논하고, 나라와 국내 정치의 안정이 시민의 자유를 강화하는 데 중요하다고 주장합니다.

어떤 통치자이든 외부로부터 나라를 지키는 방위(security)와 국가 내부의 안전(safety)을 유지하는 것이 중요합니다. 방위와 안정은 사실 근대 정치의 가장 핵심적인 가치입니다. 방위는 군대를 통해서, 안전은 경찰을 통해서 이뤄집니다.

방위를 담당하는 군대와 안전을 유지하는 경찰보다 더 중요한 것이 있습니다.

더 중요한 것은 자유를 누린 시민입니다.
자유를 향유한 시민이 방위와 안전의 기초입니다.

통치자들이나 지배층은 가끔 혼동하는 것이 있습

니다. 안전은 정권의 안전을 위한 것이라고 착각할 때입니다. 안전은 처음부터 끝까지 시민의 안전을 위한 것입니다. 시민의 안전을 정권의 안전으로 혼동하는 순간 경찰은 권력의 주구가 되고, 시민에게 손가락질을 받습니다. 그 권력은 순탄하지 못합니다.

통치자들이나 지배층은 정권의 안전을 위해 방위를 담당하는 군대를 동원해도 된다고 착각합니다.

가장 위험한 착각입니다. 방위는 타국으로부터 시민을 지키기 위한 것이지 시민으로부터 정권을 지키기 위한 것이 아닙니다. 군대가 정권 수호용으로 전락하는 순간 군대는 사유물이 되고, 시민은 국가를 등집니다.

방위와 안전은 상호 적대적이라 할 만큼 경계를 넘어서면 안 됩니다.

방위는 대외적 요소이며, 안전은 국내적 요소라

는 것을 절대 잊어서는 안 됩니다. 통치자는 어떤 경우에도 방위와 안전을 정권 유지용으로 끌어들여서는 안 됩니다.

이런 착오를 마치 최후의 권력 유지 수단이라고 생각하는 통치자는 곧 나락으로 떨어집니다. 이런 통치자는 잠시 권력을 더 유지할지 모르나 죽어서까지 악명을 떨치게 됩니다.

『군주론』을 자유의 관점에서 나누면 다음과 같습니다.

1부(1~11장)는 시민에게 좋은 법을 만들어주는 것입니다.

1부는 시민을 잘살게 해주는 법을 다룹니다. 시민의 관점에서 본다면, 자유 시민의 권리입니다. 자유 시민은 필요노동에서 자유롭고, 예술을 향유할 수 있어야 합니다. 이런 조건을 누리는 시민은 누구에게도 허리를 굽히지 않고 당당합니다.

2부(12~14장)는 1부의 좋은 시민으로 구성된 훌륭한 군대를 다룹니다.

시민의 관점에서 본다면 시민의 의무를 말합니다. 권리를 충분히 누린 자유 시민은 국가를 위해 목숨을 다할 수 있는 용감한 시민이 됩니다.

3부(15~23장)는 군주가 양적 소수인 귀족, 부자, 군인을 어떻게 하면 잘 다루는가, 양적 소수를 멀리하고 양적 다수를 우대하는 방법을 다룹니다.

시민의 관점에서 본다면, 군주가 자신만의 이익을 추구하는 양적 소수를 다루는 법입니다. 이런 군주를 가진 자유 시민은 그 군주를 위해 모든 것을 바칠 각오가 되어 있습니다.

좋은 법을 가지고, 훌륭한 군대를 갖고 있으며,

다수 시민을 위해 정치하는 군주는 어떤 경우에도 외부의 침략으로 나라를 잃지 않습니다. 잃는다 할지라도 시민이 나라를 되찾아서 군주에게 돌려줍니다. 이런 멋진 군주에게 시민이 반란을 일으키거나 혁명을 일으키는 경우는 없습니다.

설사 양적 소수인 귀족이나 부자, 군인들이 군주에게 모반이나 쿠데타를 일으켜 정권을 찬탈한다 해도, 시민이 신속히 권력을 되찾아줍니다.

이런 시민을 가진 군주, 현대적인 용어로 말하면 이런 시민을 가진 주권 국가는 언제나 항상 안정된 상태를 유지합니다.

긴장과
떨림

시민과 군주는 어떤 관계일까요?

시민과 군주는 줄다리기 관계입니다. 긴장은 팽팽한 상태입니다. 줄다리기할 때 어느 한쪽이 손을 놓아버리면 다른 한쪽은 쓰러집니다.

군주가 다수 시민의 손을 놓아버리고, 양적 소수에게 구애하면 다수 시민이 쓰러져버립니다. 거꾸로 양적 다수 시민들이 "저 군주 우리 마음에 안 들어" 하면서 손을 놓아버리면 군주는 권력을 상실합니다. 다수 시민을 위해 애쓴 통치자치고 권력을 놓치는 법이 없습니다. 쿠데타나 정변으로 권력을 놓친다 해도 곧 다시 되찾습니다.

마키아벨리의 『군주론』은
한 사람만을 위한 책입니다.

그 한 사람이 군주입니다. 오늘 이 자리에 계신 분들은 다수 시민이면서, 이 책을 읽는 단 한명의 군주입니다. 근대 이후로 우리는 누구나 군주입니다. 누구나 주권자입니다. 우리는 시민이자 군주입니다. 시민이자 군주인 우리는 어떤 태도로 『군주론』을 읽어야 할까요? 내가 절대 군주라는 태도로 읽어야 합니다.

홉스는 『리바이어던』을 통해 근대 절대 군주권을 정당화했습니다. 절대 군주가 세상의 모든 것을 통치하고 지배하는 것을 정당화했습니다. 생각을 바꿔보시기 바랍니다. 내가 국가의 절대주권자이자 주인입니다. 홉스가 표현한 절대 군주 리바이어던 대신 현대 시민 리바이어던을 놓아보시기 바랍니다.

내가 절대주권자입니다.

우리는 시민이기 때문에 권리를 누려야 합니다. 군주가 권리를 누리지 못하게 하면 우리는 그 군주를 당연히 퇴출해야 합니다. 반면 우리는 군주이기 때문에 자신의 의무를 다 해야 합니다. 군주로서

토마스 홉스의 『리바이어던』의 표지(아브라함 보스, 1651)

의무를 다 하지 못하면 다른 시민에게 퇴출당할 수도 있습니다.

시민에게 자유와 권리를 주지 못한 군주를 쫓아내는 것은 아주 쉽습니다. 4·19, 5·18, 87년 민주화운동, 촛불혁명은 명확한 사례들입니다. 우리는 언제든 자유와 권리를 주지 못하는 군주를 쫓아낼 준비를 해야만 합니다.

군주인 우리도 퇴출당할 수 있습니다.

내 자신이 군주라고 한다면, 자기 스스로 퇴출시킬 수 있을 정도의 시민의식을 갖춰야 합니다. 자신 스스로에게 '너 좀 문제 있어'라고 말하는 동시에, 문제 있는 행동을 스스로 제어할 수 있어야 합니다.

동시대를 살아가는 다른 시민이 저에게 '시민의식이 빵점이니까 퇴출이야!'라고 선고하지 못합니다. 그 선고를 내리는 순간 개인 간의 다툼으로 발전합니다.

나 자신의 '퇴출'은 오로지 나만이 내릴 수 있는 것이 현대사회입니다.

'퇴출'당하지 않는 것이 중요합니다. 많이 벌면 버는 만큼 세금을 내야 합니다. 특히 소득이 많을수록 세금을 많이 내는 것은 당연합니다. 불로소득일수록 세금을 많이 내는 것은 너무나 당연합니다.

국방의 의무도 마찬가지입니다.
사회를 위한 헌신도 마찬가지입니다.

노블레스 오블리제는 그냥 나오지 않습니다. 권리를 많이 누릴수록 의무도 다 할 각오를 해야 하고, 실제로 의무를 다 해야 합니다. 정치학이기 때문에 어쩔 수 없을지 모르겠지만, 퇴출당하지 않기 위해 군주이자 시민인 나 자신부터 노블리스 오블

리제를 실천해야 합니다.

군주이자 시민인 우리 스스로 건강하게 행동하지 않으면 국가는 몰락할 수밖에 없습니다.

우리나라는 아주 특수한 경우입니다. 고려가 몇백 년, 조선이 몇백 년을 지속했습니다. 분단국가인 우리가 앞으로도 고려나 조선처럼 500년간 지속할 것이라고 생각하시나요?

유럽이나 다른 나라 사례를 보면 국가는 200, 300년을 지속하기가 아주 어렵습니다. 중국의 여러 왕조가 200~300년을 넘긴 적이 거의 없습니다.

한 국가가 오래가려면 어떻게 해야 할까요?

군주이자 시민인 내 자신이 긴장감을 적절히 유지했을 때 가능합니다. 의무와 권리의 적절한 긴장감, 『군주론』에서 드러나는 밀당의 긴장감과 떨림을 제대로 이해할 때, 우리는 통치자를 제대로 뽑을 수 있습니다.

내 안에 긴장감이 사라지면, 통치자와 시민 사이에 긴장감이 사라지고, 그 국가는 무너집니다. 우리는 일본, 미국, 중국, 러시아 같은 강대국 틈바구니에서 생존해야 합니다.

생존의 기본 조건은
내 안의 긴장과 떨림의 유지입니다.

마키아벨리의 『군주론』을 읽을 때, 자유를 누린 시민은 권리도 당차게 요구할 줄 알아야 하고 자기에게 주어진 의무도 충실하게 수행해야 한다고 생각합니다. 여기에는 좌파와 우파, 진보와 보수를 넘어 어떤 통치자도 그러한 마음가짐으로 시민을 대해야 진정한 통치자입니다.

미세한 긴장과 떨림을 향유하는 자유 시민이 국가의 진정한 주인입니다.

통치자는 우리의 선택에 지나지 않습니다. 우리는 통치자를 뽑을 수도 있고, 버릴 수도 있습니다. 우리는 국가의 주인인 자유 시민입니다.